多重宇宙

外星人研究教父
近50年來親身體驗的高靈傳訊實錄

靈界科學

（暢銷紀念版）

呂應鐘（呂尚）

著

Mystery 55

多重宇宙靈界科學（暢銷紀念版）

外星人研究教父近50年來親身體驗的高靈傳訊實錄

作　　者　呂應鐘（呂尚）
特約編輯　簡孟羽
封面設計　林淑慧
主　　編　劉信宏
總 編 輯　林許文二

出　　版　柿子文化事業有限公司
地　　址　11677 臺北市羅斯福路五段 158 號 2 樓
業務專線　（02）89314903#15
讀者專線　（02）89314903#9
傳　　真　（02）29319207
郵撥帳號　19822651 柿子文化事業有限公司
服務信箱　service@persimmonbooks.com.tw

業務行政　鄭淑娟、陳顯中

初版一刷　2022 年 11 月
二版一刷　2024 年 08 月
定　　價　新臺幣 420 元
Ｉ Ｓ Ｂ Ｎ　978-626-7408-64-3

臉書搜尋 60 秒看新世界
歡迎走進柿子文化網 https://persimmonbooks.com.tw/
～柿子在秋天火紅 文化在書中成熟～

國家圖書館出版品預行編目 (CIP) 資料

多重宇宙靈界科學（暢銷紀念版）：外星人研究教父近
50 年來親身體驗的高靈傳訊實錄 / 呂應鐘（呂尚）著．
-- 一版 . -- 臺北市：柿子文化事業有限公司 , 2024.08
　面；　公分 . -- (Mystery ; 55)
ISBN 978-626-7408-64-3（平裝）

1.CST: 通靈術

296.1　　　　　　　　　　　113010950

柿子官網
60 秒看新世界

推薦序／
以多元的宇宙思維去重新架構我們的認知

淡江大學大傳系兼任副教授 張 ～ ～ 博士

　　是的，無所不在的大角星人，又再一次帶著龐大的指導訊息朝我而來了！

　　那天，我正在線上講授 1320 馬雅天賦藍圖的課；中午十二點，我收到了本書作者呂教授 Line 傳來的信息與書稿，而他在信息中明確地「指示」，要我為這本「傳訊之書」寫一篇序，那個時候，我才剛在線上熱騰騰地講完了大角星人與星宿二星人連袂監控太陽系的調伏工作，以及召喚星際馬雅人前來協助的故事始末。

　　當下，我的大腦不作多想，立馬接受了這個「安排」，因為我非常清楚，這是一次清晰的共時傳訊。特別是在地球進入了星際馬雅自我存在的紅月流年之後，隨著我的那本《心電感應大角星》的書在亞洲華文地區出版，所有的高維智慧訊息必然會更積極地以「東方之姿」被散播開來。

　　因此，與其說是要我寫序，倒不如說是某個外星智慧正透過台灣飛碟教父呂應鐘教授的大作，來指導我吸取一些更重要的信息。

　　於是，我抱著虔心學習的態度，花了兩天的時間，仔細地拜讀了這本共十個章節的「傳訊之書」。

　　根據星際馬雅 13 月亮曆與「時間法則」發現者荷西博士的觀點，在 2013 年之後，地球的心智頻率將隨著四次元地球「時間」飛船的啟航，有了明顯的

轉變，集體人類的意識頻寬將開始切換到某種「輻射性」思考的變頻狀態，事實上，這 10 年間，的確已經有越來越多人開始關心且理解多重平行宇宙的存在了，同時，更有許多外星智慧的傳訊者，提出了維度階層（Dimensional hierarchy）的詮釋邏輯，試圖幫助人類去理解這個現存宇宙的真實運作；而呂教授在本書的第一部分「多重宇宙」單元中，透過六篇他過去親臨傳訊的回顧記載，來為我們重新打開多重宇宙的認知。我相信，這是因應著這一道全新週期的演化光束而來的必然趨勢。

2019 年，磁性的白巫師年，「時間法則」傳承人紅皇后召喚了地球上來自 48 個國家的星際馬雅人，匯聚在墨西哥特奧蒂瓦坎的太陽金字塔前，宣告了全新人種 OMA（已接收之原始母體矩陣）的強勢回歸，於是 2020 年之後，全球便集體進入了一個透過 Covid-19 病毒頻率強迫校準與全面清理的狀態，這其實是針對人類生物場 DNA 密碼的改寫過程，而它是一道來自獵戶座的光束訊息頻率，恰恰也呼應了呂教授在本書第一篇所提及的「基因科技」與「幹細胞科技」之說。

地球生物場域（Biosphere）要朝向心智場域（Noosphere）演化的更新汰換，不僅僅是物質身體 DNA 的密碼改寫進程而已，心智與意識頻寬的加速拓展更是當務之急，大家或許會發現，在這個階段中，有越來越多業已存在的外星族群，已經被許多意識升維的人類們（傳訊者）給清晰地辨認出來了，而就在此同時，其實還有更多來自其他外星的高維智慧體，也正在前來地球的途中，他們的目的都是為了要來協助我們整體行星意識的揚升與演化行動。

去年，我根據荷西博士 1992 年的大角星傳訊紀錄，完成了《心電感應大角星》的跨次元訊息小說，這是第一本透過跨次元的外星人視角，以華文所書寫的「新創世紀」，而我的寫作過程，和呂教授 2016 年在書寫《老子不為》

的時候，幾乎如出一轍，我想我們這個神秘且難以言傳的跨次元經驗，應該都是處於直接跳過大腦的心智作用，而全然被指派「書寫」的神漾狀態吧！

更奇妙的是，此時此刻，我似乎又聽見了大角星人正在以極高、極細微的聲波告訴我，四次元大角星人當初在協助監管地球北半球時期，在一次銀河移民的行動中，其化身降頻的區域，就是地球全息四次元 HOLON 的「龍區」，對應於地球第五次文明的舊世界區域，大致座落於印度和中國，這些化身帶給人類很多珍貴的智慧寶藏，譬如五千多年前，中國《易經》的六十四卦記載著人類生物 DNA 基因密碼的智慧訊息，那是一道源自於五次元水晶記憶印跡的光束訊息所顯化而來的，而就在大約西元前 571 年，正好是卓爾金曆上 5200 Tun（約 5125 個地球年），也就是 13 個巴克頓（Baktun）週期的中點，距今大約是 2600 年左右，龍區的印度出現了高維智慧傳信使者佛陀，而同是龍區的中國，則出現了傳信使者老子，這是一個光束訊息鏡像回歸的重要階段，也是相差 130 的拓展時期，他們的法教，竟同時都在宣講四次元時間全息子（Holon）繾藏（enfold）與綻放（unfold）投影的宇宙智慧，也就是 13 波符的時間法則。道生一一，生二二，生三三，生萬物萬物……

我真心感到不可思議，而今天又恰恰好是我的星際馬雅生日，太陽的紅天行者 kin113，沒想到一切竟如此共時！我瞬間明白呂教授為什麼會邀請我寫這篇序文了。

別再以過去人類聚焦在三次元物質世界的意識思維去限縮那些感知，許多不可思議的事，正是因為大部分人類的大腦還停留在舊的意識頻率中來回振盪，而形成了一種限制認知邊界的駐波，那其實是一種人類心智上的靜電沾黏，一如呂教授書末所提到宇宙至高智慧給他的那一句話：「宇宙沒有神秘，只有人類的無知！」

　　呂教授的這本「靈界傳訊」書中所載的資訊，在這個時期，被召喚予以重新整理出版發行，肩扛著一份重大的時代任務，他要我們更積極地去打破舊有的思維框架，保持完全敞開的心，以多元的宇宙思維去重新架構我們的認知，特別是，透過呂教授非凡經驗的描述，讓我們能夠輕鬆地以更開闊的視角去一窺宇宙的堂奧，讓我們的愛能夠在這一切幻有之中，更加自由地流動。

星際音樂療癒師 / 時間法則傳遞者 /

太陽的紅天行者 kin113　張之愷 寫於台北淡水

推薦序／
靈界跟我們想像的大不同

中華圓夢公益展望會理事長 *許旗成* 博士

　　對於靈界傳訊的第一個想法，就是所謂靈體、其他空間傳來的訊息，但拜讀完呂教授一書後，才導正了我略偏的想法，也顛覆了我對靈界與宇宙空間的三觀。

　　年少的時候，我最喜歡看倪匡的科幻小說《衛斯理傳奇》，與外星人的刺激、冒險、跳脫想像的玄幻冒險旅程，讓當時年少的我不斷凝望星空，時刻找尋著外星人的蹤影、時刻幻想著與外星人的玄幻邂逅！

　　由宇宙太空俯看人類世界，每個人就如同塵埃般渺小，與宇宙天體生命相比較，人的壽命如同白馬過隙、彈指一頃，對於大自然、宇宙的世界，我們永遠都只能看見一個小局部的範圍，人永遠無法在短暫的一生中，探索並揭開無窮宇宙的神秘面紗。

　　拜讀本書後，深深地感受到，人生活在無限寬廣的宇宙，號稱萬物之靈，卻只擁有狹隘的眼光，想用有形的肉體征服大自然、領略宇宙萬象，殊不知必須讓自身的靈性跟宇宙產生共振，讓靈性純淨，方能接收到更多的訊息。唯有靈性純淨，才能進入宇宙、探索宇宙和接收外來的信息。

　　一年前剛進入尼加拉瓜大學設立在台灣的自然醫學院進修，方清楚宇宙、大自然和能量之間的相互關係，我也從呂應鐘教授身上學習到許多量子學哲

理，也請教授指導論文的編寫。如同教授在本書中所說：「地球人必須要重新審視以前的科學觀、存在觀、宇宙觀、生命觀。」因為，我們所謂的神佛，所謂的外星人，應該都是跟我們生存在同一空間，只是是在不同維度的空間！

我推薦現代人都能拜讀此著作，放寬心胸與眼界面對通靈、靈界一事，一如書上所說的，希望在二十一世紀，大家能用開放的心胸、鳥瞰的角度、科學的精神、能量的認知，來開拓自己的宇宙觀。不要迷信宗教，不要盲信通靈。「宇宙沒有神秘，只有人類的無知」，對於從小到大聽到的很多傳說與神祕故事，隨著預言家或通靈人的傳訊，如本書所說的，更加清楚的知道，一切均來自我們的無知。

對於《聖經》的真相一章中，雖然我本身信奉道教，但對於書中所描述的事件或針對耶和華之說，卻又是那麼的符合邏輯，例如：《聖經》有句名言「信我者得永生」，這句話很重要，但它並不是表面字義「信上帝得永生」，真正的意思是指：相信高科技外星人所揭示的真理，不管信仰任何宗教，都可以在未來得到細胞複製生命的方法，永生下去。

耶和華說：「像是摩西、以利亞、以諾、耶穌，很多《聖經》中的先知，他們都活在我們的母星，永生的存在。」所以，讀完本章會讓人打翻對基督宗教二千年來的認知，會讓一些人無法接受，因為實在太令人震驚了。

又如現在的民間各種信仰，如讓我比較暈頭轉向的是，拜拜要用哪些水果？準備哪些供品？十年前流行一句司迪麥口香糖的廣告語：「貓在鋼琴上昏倒了。」就詮釋了現今各地宗教的狀況，為何到了今日所有宗教都出現一大堆錯誤？甚至錯的比對的還多？如教授所說的：「問題就出在數千年來傳承的人弄錯了、誤解了、扭曲了。或者是為了賺更多的錢而創出來的花招。」

從小我就是屬於喜歡找出真相、真理的人，此書讓我清楚地知道，原來

我們一直活在自己認為的真理或政治人物與追逐金錢遊戲的人所包裝的世界裡，台灣目前的政治不就是最好的詮釋？

　　現在，我想問教授，衛斯理的作者倪匡大師，於 2022 年 7 月時剛離世，他是否跟著《聖經》中的先知一樣回去了母星？還是被複製，用另一個人的身分繼續存活著？

　　想從無知中走出來，就一起來探索靈界傳訊，揭開我們的未知。

推薦序／
一位認真的學術人

整合醫學博士 *Eva Lin*

與呂教授認識整整 20 年了，知道他在民國七十多年就被媒體稱為「台灣幽浮研究教父」，甚至有人稱呼他是「怪力亂神始祖」，因為他出版過不少靈學與超心理學書籍。

但是對我而言，呂教授是一位學術研究非常中肯且深入的人，在我知道的幾個學術領域中，如整合自然醫學方面，卻是他罹患癌症之後深入研究並整合提出「靈心身合醫學」（Trinity Medicine）理論的第一人，並於 2004 年創立台灣自然醫學教育學會。

在佛學研究方面，徹底研究原始佛典《阿含經》，主軸放在佛陀在世 45 年教誨的內容，並與一位大企業老闆創立「初雲宗論壇」，參與另一位企業家所創辦的「琉璃光學堂」。

在道學方面，他並不是一位讀過《道德經》的人，卻如本書第六篇關於老子傳訊所述，在短短 3 年間，出版了老子傳訊的原文，導正坊間被篡改七百多處的通行本。

數年來，整個傳訊發展過程我都知道，可以說這幾年他就是浸在宇宙訊息的生活之中。

我也是本書中若干事蹟的旁觀者與參與者，根本不會覺得作者有何怪力

亂神之處,只能說他是一位非常認真的學術人,就是一位非常認真接收宇宙訊息的新人類。

本書是呂教授很認真的新作,在過程中有幾次呂教授也向我分享了從宇宙傳來的訊息。希望本書能帶給讀者全然不同的宇宙傳訊體會。

祝福有緣的人。

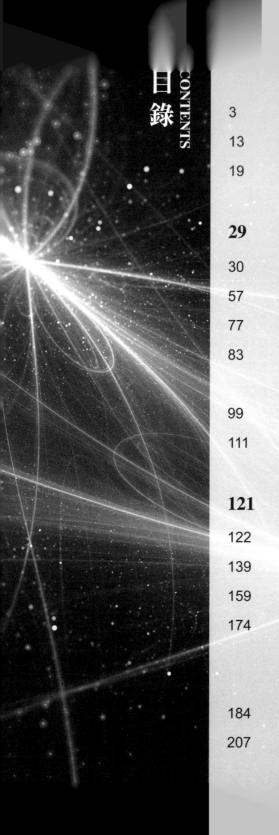

目錄 CONTENTS

前言／
真實不虛的靈界

迄今為止，「靈界」到底存不存在，仍然是「信者自信，疑者自疑」的局面，未解之謎。

很多否認的人會說「科學沒有證明靈界」，所以不能相信。這句話聽起來很科學，其實是不懂科學精神的人所說的話。我就要問「什麼叫科學？什麼叫科學證明？」

「科學」是什麼？相信絕大多數人都無法精確地回答出來。一般人都是粗淺地認為物理、生物、化學等科目就是科學，這些科目的教科書裡寫的內容就是科學理論，能用這些科學理論證明的才算科學，才能相信，否則一概屬於不科學、偽科學、假科學。

同樣的，若問「有沒有外星人？」相信很多人會抱持否認的觀點，他們會說：「科學沒有證明有外星人。」

如再問：「有沒有靈魂或輪迴？」也可能會回答：「科學沒有證明有靈魂，醫學也沒有證明有靈魂，更沒有證明有輪迴。」

很多人都把「科學證明」掛在口中，當做衡量一切現象的標準，彷彿一切的存在或任何現象都要「科學證明」之後才能相信。不是學理工的人會理所當然地認為這個觀念是對的，也有些學理工的人會陷在教科書理論中，認為必須要科學證明才能相信。

　　但是，真正具備科學精神、有宏觀思維能力的偉大科學家都會說：「這種觀念錯了。」

　　物理學界地位非常崇高的德國物理學家普朗克博士（Dr. Max K. E. L. Planck），是愛因斯坦的老師，於 1918 年獲得諾貝爾物理學獎，公認是「量子力學之父」。他曾感歎地說：「我對原子的研究，最後的結論是：世界上根本沒有物質這個東西，物質是由快速振動的量子所組成！」

　　那麼，請問所有台灣人，能用科學儀器證明「物質是由快速振動的量子所組成」嗎？

　　其實這個二十世紀的偉大理論，早在古埃及的《Kybalion：古埃及和希臘煉金術哲學研究》這本書中就寫過「無何物靜止，萬物皆在動，萬物皆振動」（Nothing rests, everything moves, everything vibrates.）及「一切皆是心智，宇宙就是心靈」（The All is Mind; the Universe is Mental.），而數千年來，地球人根本不知這樣的觀念。

　　而且普朗克博士的說法與埃及 Kybalion 的說法，不是正好與《金剛經》的「一切有為法，如夢幻泡影，如露亦如電，應作如是觀」完全一樣嗎？

　　然而能用現在的科學儀器證明嗎？當然不能。但怎麼會這樣？我們要如何理解、如何思考？

　　事實上，1905 年愛因斯坦提出《狹義相對論》時就發表 $E=mc^2$ 這個公式，E 是能量，m 是質量，c 是光速，印證了能量和質量能互變的關係。也就是說「質量等於能量，能量等於質量」。這個句型是否很熟悉？和《心經》的「色即是空，空即是色。色不異空，空不異色」，是不是完全一樣？

　　所以，進入二十一世紀，現代人必須要全新了解：有形無形都是不斷振動的能量，振動頻率高的則成為無形能量的存在，如人的思想、感覺和意識等

等。振動頻率低的成為有形物質的存在，如看得到的桌子、椅子、人體、花草等等。

這些理論已經是科學界公認的，都在說明「宇宙間的一切都是由振動所組成」，已經是二十一世紀的基本物理學觀念了，無法否認的。然而數十年來，人類受限於有限感官所能觸及的三維空間，加上早就被落伍的教科書植入陳舊的思想，認為「實體有邊界」的物質才是真實的，看不見、聽不到的就是不存在，就是迷信。

而這數十年來，科學家再往比原子更為微細的次原子、基本粒子、量子探索，或向最廣闊的宇宙蒼穹深究時，卻發現在人類感官經驗所不及的境地，物質與能量的本質其實是合而為一的，再次證明了「一切皆是能量」、「萬物皆振動」。

從這個角度來說，人類事實上是同時存在於兩種不同的世界之中，頭上頂著高層次的「無形靈性世界」，腳下踏著的是「有形物質世界」。人體是「有形肉體」與「無形靈體」的綜合體。

用電腦硬體與軟體的關係來理解：光有硬體電腦，沒有灌入軟體，電腦是無法運作的，所以電腦硬體即我們的身體，電腦軟體即我們的靈魂，靈魂必須進入肉體，身體才會活動。但靈體和肉體並非毫不相干，因為愛因斯坦說「萬物皆是能量」，因此有形肉體與無形靈魂皆是不斷振動的能量，兩者的分別僅在於振動頻率高低不同而已。

人類之所以認為「物質和能量」或「肉體和靈體」是截然不同之物，純粹只依憑看得到與看不到的概念而已，這是自從十七世紀以來，西方將東方傳統的「心物合一」理念分割開來，產生「心」、「物」二元化的思考模式，也影響了後世的科學邏輯與發展，形成現代的「唯物科學」體系。

　　事實上，人的靈體和肉體是同疊存在，同屬一個連續體的兩端，只在於能量振動有所差異而已。無形靈體是能量振動頻率較高的一端，是「精微能量」，屬於高層次的自性本體，當振動頻率降低時，產生的物質就越粗重，最後形成肉體，因此肉體在人類的次元中是頻率最低的存在。

　　也許有人要問，既然有靈體的存在，為什麼人的肉眼看不見，聽不到，摸不著？這是因為人類生存的世界是三維物質世界，位於能量連續體的末端，和另一端無形靈性世界相較，這個物質世界比重大、振動低，正因為肉體的眼耳察覺力頻率很低，自然也就無法看到聽到。

　　科學早就告訴我們，人的眼睛所接受的可見光只是一個很狹窄的範圍，大約在 4000 ～ 7000Å 之間，那是大家熟知的「紅橙黃綠藍靛紫」七色光範圍，在整個電磁波譜中，範圍是非常狹小的，所以人的眼睛看不到紅外光與紫外光兩端延伸出去的頻率。相信大家都知道有紫外光與紅外光的存在，紫外光設備可以殺菌，紅外光設備可以電療，那些光波都是肉眼看不到的，但卻不容否認其存在。

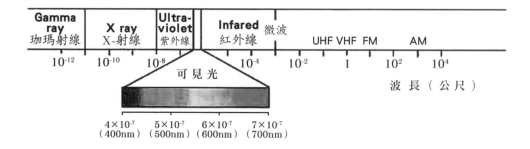

　　上圖可以看出，紅光紫光之外，肉眼看不到的範圍要比肉眼可見光寬非常非常多，但是因為其振動頻率過高及過低，超過肉眼可以看到的頻率範圍，

所以我們看不見，但絕對不能就此斷定沒有這些區域。因此必須承認，人眼可見的範圍是非常非常狹隘的，絕對不能否認看不見的存在。

耳朵可聽到的聲音頻率也是一樣，人的耳朵可以接收的音頻範圍在 20 ～ 20,000 赫茲之間。然而，動物的音頻範圍與人不同：

生命	可聽到的最低頻率	可聽到的最高頻率
人類	20	20000
大象	1	20000
狗	15	50000
貓	60	65000
海豚	150	150000
蝙蝠	1000	120000

所以大家要了解，狗與大象可以聽到人類聽不到的更低頻率，而貓、海豚與蝙蝠可以聽到的高頻比人寬太多了。看上面的表，這麼一比較，人類還有什麼優勢？所以大家必須知道，我們五官察覺不到的事物，其實一直都存在著，在地球上沒有人類之前就存在著，如今也一直存在我們的四周。

就如同上面所談的紫外光或紅外光，以及看不到的宇宙射線，它們不但存在，而且還會滲透通過人類的肉體。舉個最簡單的例子，每個人天天拿著手機，看不到它的波頻，卻能講電話、看電影、看新聞。這也正印證佛陀所說「五蘊自性皆空」（眼耳鼻舌身都是虛幻），因為都是波動、頻率而已。

所以要了解在有形肉體與物質世界之外，存在著振動頻率更高、更為廣大的世界。以後絕對不要再說「我要看見聽見才會相信」這種不科學的話了。

　　因此，如果人類能經由一些方法來調整自己肉體的能量振動頻率，就可以突破肉體限制，升高能量振動頻率，就可以接收到浩瀚宇宙中的訊息，而不再只是限制在肉體或物質世界的層次之中。這也就是近年來，越來越多人能夠接到宇宙訊息的原因，用通俗的話說，就是連接宇宙靈界的訊息，這是很多人已有的經驗。

　　本書就以作者將近 50 年來的經驗，寫成 10 篇與靈界溝通的文章，謹供大家茶餘飯後參考，期望帶給各位深思。

緣起／
開始傳來宇宙訊息

　　一直記得自己從小就對各種事物感到非常好奇，小學就讀於礁溪國小，1950 年代的台灣省宜蘭縣，可以說是十足鄉下，加上當時民智非常保守，也沒有任何玩具可以玩，同學之間只有爬爬樹，或在操場上玩玩躲避球。

　　不過我到現在仍然記得很清楚，就是自己有很大的好奇心，曾經把大同電鍋、大同電扇都拆開來研究，看看裡面的結構與線路，然後裝回去。當時家裡有個小電晶體收音機，我把它拆開來，仔細看線路，東拔西拔，結果裝不回去，好好的一個收音機就報廢了（哈哈，媽媽在數十年後，也還在講我小學時拆壞電晶體收音機的事）。

　　我也依著既定路線一路學習上來，人生平平凡凡。但好奇心一直存在，這也是日後能夠跨越不同領域深入研究的動力。

　　直到大學時期，才開始警覺自己的興趣很怪。當時對天文學感到興趣，經常自發性地翻譯天文報導文章，刊登在當時的報紙上。最早一篇「漫談人造衛星」發表在 1971 年 3 月 4 日的《中華日報》，因為是自己的處女作，當年的剪報還保留著，算算已經過了 51 年了。從此就一發不可收拾，連續幾年不斷發表天文文章，也經常跑圓山天文台，和當時的蔡章獻台長成為好朋友，而且還同時擔任台北市天文協會與中華民國天文學會理事各十多年，數年間竟成為台灣知名天文研究家，到處演講天文知識。

　　很令人不解的嚴重問題是：我根本不是讀天文出身的，大學讀的是核子工程。所以那個時期，我演講時也常開玩笑地說：「我只懂最小的核子與最大的天文，中間都不懂。」

　　1974 年，當時的希代書版公司規劃出版 20 本 UFO 與史前文明系列書籍，發行人朱寶龍先生就分別找了五位譯者分擔譯書工作，或許是當年的我在天文學界的知名度吧，也受邀忝為譯者之一，沒想到從此讓我一頭栽入 UFO 外星人書堆中，後來更成為媒體稱呼的「台灣幽浮研究教父」。在我心中一直感念發行人朱寶龍先生，如果沒有他找我，不會造就我日後的研究成果。

　　當時我也不知什麼叫做 UFO，手中抱著朱先生從美國買回來的一堆平裝軟皮 UFO 書，我就好奇的閱覽，於是從中找了一本羅伯特・埃內格（Robert Emenegger）著的《*UFO's Past Present & Future*》（UFO 的過去現在未來）翻譯，因為裡面都是官方文件，可信度很高，這一本就是我有生以來翻譯的第一本 UFO 書，1975 年 8 月出版，中文書名是《來自其它行星的？─不明飛行物》

　　這本書也大開我的眼界，與我當時對天文學的熱衷不謀而合，結果一發不可收拾，接著翻譯巴利・杜恩寧（Barry Downing）於 1968 年出版的書《*The Bible and Flying Saucers*》（聖經與飛碟），為什麼要選這一本？因為看到作者介紹他是長老教會的牧師，哈哈，有意思，一位牧師竟然會寫這樣的書，他認為 UFO 現象是造成《聖經》中許多事件的原因。

　　為了忠於《聖經》的句子，我就去教堂取一本《聖經》來翻譯參用。在翻譯過程中，也讓我對《聖經》有了全盤了解，又一次大開眼界。這一本就是我第二本飛碟書《上帝駕駛飛碟》。

　　接著又翻譯安德魯・湯瑪斯（Andrew Tomas）的書《*We Are Not The First: Riddles of Ancient Science*》（我們不是第一個：古代科學之謎），他是一名共

濟會會員，這個身分讓他能得到一般人無法知曉的內情。裡面談及史前太空船、遺忘的鍊金術、古代原子論、遠古電氣系統、古人已掌握重力、古代太空旅行等等，讓我這個學理工的人又一次大為興奮。這本書的中文書名是《失去的文明》。

自己當時也不知何以如此熱衷 UFO 與史前文明主題？參與翻譯的團隊共有五人，別人都是只擔任譯者角色，沒有繼續研究，只有我一頭興奮的栽進去。一直到了十年後的 1986 年，去日本訪問時，才知道這是宇宙的安排（此故事就是第 5 篇「人鬼神溝通的符文」）。

經過兩年在台灣炒起飛碟外星人熱潮，中國時報也用全版副刊做了一個主題，UFO 迷也很多。當時產生一股說不出的感覺，好像宇宙在呼喚，經常在晚上望著夜空，看著星星，似乎有莫名的鄉愁，有時候還會流淚。

也不知為何，我在 1977 年 12 月自掏腰包創辦了《宇宙科學 Cosmos Science》雜誌試刊號。當時出版界有一句話「想要叫誰破產，就叫他去做出版」，雖然家人反對，但似乎有一股傻勁要我繼續做下去。

這是台灣第一本全面報導 UFO、史前文明、科幻三個主題的雜誌。有一天認為「不明飛行物」五個字太嚕嗦了，於是在思考要如何翻譯成最佳的中文時，突然出現「幽浮」二字，遂在自己的雜誌上推廣，後來也成為日後全球華人通用的名詞。

不過，由於是自己出錢辦的，出版一年 12 期後就後繼無力停刊了。但也擁有好幾百位愛好者，就在民國 71 年共同發起成立「台灣不明飛行物研究會」，繼續推廣。

當時有一位會員拿了一份薄薄的《超心理學研究》雙月刊給我，看到裡面的文章，一下子就被吸引住了，知道是「中華民國超心理學研究會」出版

的，於是申請加入會員，開始接觸靈異世界的文章。不過在四十年前，當時的
台灣學界一談到靈異現象、心靈學、超心理學等，都視之為毒蛇猛獸，社會大
眾雖然極好奇，電視媒體也製作不少靈異節目，可惜相當不嚴謹，以致社會上
都以迷信或低俗信仰看待，真正能對超心理學做深入研究者寥寥無幾。

這個研究會是 1975 年時，由一群大學教授，包括當時有名的曾虛白、黎
聖倫、黃大受等教授發起的，原本是想設立「中國心靈學研究會」，並成立籌
備會，舉辦多次心靈學講演。但在申請過程中，內政部擔心「心靈學」三字會
誤導社會大眾走向怪力亂神，就發文給中央研究院審核，經過公文往來，遂改
為「中華民國超心理學研究會」，在 1977 年 3 月內政部核准設立，成為台灣
唯一的心靈科學研究社團，在 1970 年代至 1980 年代頗負盛名。

當時自己也不知幽浮和心靈學有什麼關係，純粹就是「好奇」，這是從
小以來的個性。只是傻傻的不知不覺踏上一條無法形容的靈異旅程，當時自己
也不知道以後會如何發展，也沒有刻意要做什麼，只是順著感覺前進。

於是一方面繼續研究幽浮，另一方面開拓心靈學的新研究，看起來 UFO
與靈異世界有很大的差距，但在我來說似乎「一以貫之」，於是兩條不同的路
線就同時進行。

由於對超心理學的熱衷，被選為理事，這一段期間內，也從北到南親自
去參訪台灣各地宗教團體，體會到了台灣民間靈異風氣的興盛與混亂。

於是在 1994 年將十多年來的研究心得結集成《大神秘：靈異現象科學
觀》出版，封面文字有「靈異與科學相沖嗎？外星人與神佛是否有關聯？時空
觀點能闡述陰陽界嗎？」

沒想到此書在當年竟然非常暢銷，不少宗教心靈團體邀請我去演講，因
為他們認為這是台灣第一本用科學理論講解靈異事件的書，正是他們需要的。

　　而且此書將外星人、神佛、靈異、科學、陰陽界串連起來，也算是將過往「幽浮」與「心靈」兩條不同路線整合了起來。

　　接著兩年，陸續有不少人士主動來找我，都談及很多神秘事件，我就把這些事件集結起來寫書，分別出版《靈界的真相》與《通靈的神妙》。到了1997年又出版《不再神秘的特異功能》。

　　巧合的是，同年南華大學成立「生死學研究所」，我忝為創所老師之一，遂開授《生死學》課程，這個主題也是台灣首次。

　　就在擔任多屆超心理學研究會理事之後，1997年接任第八屆理事長，於是邀請南華大學幾位教授參與改組中華民國超心理學會，也主辦台灣首次《台灣超心理學學術研討會》，可惜也是唯一的一次。

　　教育部在那幾年推出「生命教育」政策，各大學不少老師便於1999年分別成立「中華殯葬教育學會」及「中華生死學會」，由於我二十多年來的靈異研究經驗與體會，也在生死學研究所執教，於是自然而然參與籌組，也分別擔任中華殯葬教育學會副理事長與中華生死學會理事，開始深入研究歷朝歷代殯葬發展與中華文化當中的生死觀。

　　曾經有一位道教道長問我：「殯葬習俗是人定的，或是神定的？」

　　我不假思索回答：「人定的。」

　　因為縱觀從周朝以降，殯葬習俗的簡化或是隆重，完全取決於當時是否天下太平或是兵荒馬亂，天下太平時就會鋪張，兵荒馬亂時就很簡單。而台灣殯葬習俗混亂不一的原因，就是因為1949年隨著蔣介石來到台灣的各省籍人士都有，他們各自帶來當地的習俗，所以台灣的民間信仰是集中國各省的大雜燴，當然非常紛雜了。

　　由於在生死學研究所任教多年，覺得台灣沒有生死學教科書是一個遺憾，

遂於 2001 年出版大學用書《現代生死學》與專科學校用書《生死學導論》，
之後於 2003 年出版《超心理生死學》。

這又發生了嚴重的問題：從幽浮、超心理學到生死學，全然不同的領域，
怎麼會集中在我身上？

而且這些主題都是肉眼無法看見的，在當時還被視為怪力亂神，不過自
己也不知何以如此有興趣？但在冥冥之中，我知道一定有道理存在，只是自己
也說不出來。

2004 年，當時的網路媒體 NOWnews 報導「陰陽眼」，將我及台灣大學
李嗣涔、輔仁大學吳彰裕三位教授譽為「三大科學怪傑」。

對我而言，當時心情很複雜，因為那時也有人說我是「怪力亂神專家」，
事實上自己對於各種靈異現象非常清楚，卻由於民智未開，怕被批評，一直不
敢大聲說出來。

在接受 NOWnews 訪問時，我才敢說出一些內容，我說自己「沒有陰陽
眼，不過有被鬼附身的經驗，而且 2000 年罹患癌症能治好，一部分就是靠意
念跟靈療」，我還強調：

「什麼都要拿出科學證據才能相信的話，那如何解釋活人跟死人的器官
哪裡不同，不過就差在一口氣而已。現在的科學只能檢測到某些特異功能者的
腦波有變化，卻無法測出是靈界或什麼讓人的腦波產生變化，因此很多事還無
法依賴科學解釋。」

回想從 1975 年接觸 UFO 與史前文明，後來研究《聖經》與佛經，再來
研究超心理學與生死學，二十年來是以學者研究學術的方式投入在這些主題
中，相信全台灣沒有人比我從國外購買的 UFO 書、parapsychlogy（超心理學）
書還要多。連厚達 800 多頁的《聖經教義索引》，將近 500 頁厚的《聖經通識

手冊》與簡體字的《聖經知識寶典》、《聖經次經》，我都買來研究，很多基督徒也不會有這些書吧！

我一向認為不論在哪個領域，必須要有深厚的學術基礎，才不會被挑戰或推翻。由於自己有這個堅持，所以四十八年來還沒有人敢來挑戰，因為我能夠用科學語言來做正確註解（年初把四十八年來所有發表過的文章，不是出版的書籍，分成：能源＆核能類、天文＆幽浮類、科學＆科幻類、資訊＆電腦類、經典＆心靈類、自然醫學類、雜類、媒體報導共 8 類，全部掃描做成 A4 集子，竟然厚達 832 頁）。

到了 2008 年，台灣知名心靈網路平台《光中心》採訪我，當時出現一位不知名的外星高靈，透過中心助理傳遞訊息，讓我知道自己原來是來自遙遠的宇宙星系，但我一直不敢對外講，深怕學術界又要罵我怪力亂神、科學野狐禪了。這個《光中心》的負責人周介偉先生，到現在都還能將當年的傳訊現場過程說得非常清楚。

直到 2010 年初，突然一股訊息進入我腦中，告訴我：「怕什麼？有很多人可以作證，堂堂皇皇地表白，讓地球人知道宇宙文明真相，有助於他們的心靈提升。」

幾經思考，便在當年 3 月 25 日接受《自由時報》記者楊久瑩的採訪，標題寫「飛碟權威呂應鐘　自爆外星靈投胎」。在裡面我談到：「確實有很多地球人是外星靈投胎，但有些高等、有些低等，甚至有的是動物靈。」又說：「高等外星人已進化到靈光的境界，地球人則要到下一個階段的進化，才能邁向靈光……很多地球人的靈魂會被收回去，也就是在地球上死亡，然後回到宇宙空間。」從此我才敢「勇於」道出自己的很多靈異經驗，我將這些經驗都寫在本書之中。

　　到了 2013 年，偶然機會遇到住在台中的一位朋友，他就是一位很會接收宇宙訊息的人，告訴了我一些宇宙訊息，包括宇宙飛船、外星高靈、心靈感應等，並說及我與藥師佛有關。裡面的內容有些竟然與五年前台北光中心所傳的靈訊的相同，讓我一時感慨萬千。

　　總算近五十年來我涉獵研究的各個主題，看似不同領域，卻能統合起來了，難怪別人看我徜徉在不同領域中，而我卻一直認為「一以貫之」。

　　這兩個訊息來源都是「外星人」，其中有我們肉眼看得到的外星人，飛碟就是他們的宇宙飛船。還有我們肉眼看不到「高能量外星人」，他們被地球人稱為「神佛」，事實上他們不是居住在遙遠星球，而是生存在「多重宇宙」中，也可能是與地球時空重疊的另外時空，所謂的他心通就是他們與人類間的心電感應。而「鬼魂」也是存在於這個另一重宇宙中，只是他們的能量頻率是低的。

　　愛因斯坦在一百年前就說「Everything is Energy」（萬物皆是能量），道理在此。也因此到了近年，越來越多的多重宇宙、平行宇宙、能量揚升等等方面的書籍充斥書店以及網路。我知道這是有時代意義的，表示一個宇宙文明的新開始，地球人必須要重新審視以前的科學觀、存在觀、宇宙觀、生命觀。

　　自己近五十年來，體悟到這些全是宇宙高智慧生命體從虛空中傳遞給我的訊息。但是必須說明，我不是一位會通靈的人，單純只是一位「訊息接收者」而已。

　　所以很多人曾經問我：「你會不會通靈？」我一定回答：「不會。」

　　也有人問我：「現在有很多外國知名宇宙傳訊網站，如賽斯，如巴夏……，可不可以相信？你有什麼看法？」

　　我回答：「這些宇宙訊息網站或報導，我看了，也寧可信其有，不要不

相信，但絕對不入迷，也不要全信，更不要一頭栽進去某個訊息，就認為只有那個訊息才是唯一的，然後就迷進去。通常我都把這些訊息當做是星際文明資料看看，有時也當做科幻看看，如此而已。」

不管如何，市面上靈異事件不少，大家要如何看待？我認為：

一、不要照單全收，因為那位通靈人說的無法辨別真假。

二、不要全然相信，只當做參考，因為那位通靈人說的可能只是某一類訊息而已。

三、要把持客觀立場，全球通靈人很多，通靈報導與書籍很多，有些說的相同，有些不同，不要盲信，不要迷信。對宗教也是一樣，不要迷信，不要盲信。

四、不可失去自己的「心」，有些人變成凡事都要問，不問就不知要如何生活，不知公司要如何做決定，這是很悲哀的。

要辨別通靈真假其實不難，例如有人說他通到觀世音菩薩，你就恭請他講解「觀世音菩薩普門品」，看他會不會講解？有人說他通到某某千歲，你就恭問他「千歲的俗家姓名」，看他說對否？

我絕對不否認通靈，反而絕對相信真有通靈現象。重點是：「他通的真的是那個神靈嗎？」

在此舉個例子讓大家思考：你到市政府去，要找科員、局長、市長溝通，哪個比較容易？我想大家都會說「科員」，是的，職位高的市長是你隨便去就能找著嗎？當然是職位低的第一線櫃檯的科員，隨時都能溝通。

姑且把科員視為小靈，把局長視為中靈，把市長視為大靈。請問：「溝通小靈比較容易，或是溝通大靈比較容易？」

所以，我數十年來都抱持「客觀」、「旁觀」的態度去看通靈事件，因

為早就知道絕大部分的通靈都只是通到小靈層次而已。這還好，萬一通的是動物靈或是假冒神佛菩薩的惡靈，日後身體、家庭、運勢一定衰弱不順。

希望在二十一世紀，大家用開放的心胸、鳥瞰的角度、科學的精神、能量的認知，來開拓自己的宇宙觀，不要迷信宗教，不要盲信通靈。

數十年來我所接收的通靈訊息非常多，但是有很多內容不能公開，因為有些太震憾了，會顛覆當今人類文明、宗教，絕對茲事體大，還可能遭致教派的追殺，所以我不敢寫出來。還有一些宇宙訊息太過深奧，自己雖然閱讀多遍，還是不能理解，當然更無法整理出版。

因此這本書中所寫的是比較簡單，可以發布的，就從四十五年前的事件說起，讓看得懂的人好好體悟，看不懂的人當做靈異小說看看也可以。

總之，「星際無邊，一切來自你的心」，相不相信都沒有關係。這句話也是宇宙至高智慧給我的。

宇宙沒有神秘，只有人類的無知。

PART1

多重宇宙

1

耶和華是外星人！

1982 年 7 月初，接到希代出版社轉來的一封信，這是從日本寄來的。但是我沒有認識日本朋友呀！

沒想到竟是日本宇宙考古研究會會長寄來的，用英文寫的，意思是說：他們在日本書店看到我在台灣出版很多 UFO 書，於是主動寫信給我，希望我能促成一件事。

原來是有一位法國人克勞德‧沃里洪（Claude Vorilhon）正在日本訪問，他本來是一位歌手與賽車手，後來創辦一份汽車雜誌。1973 年，他 28 歲那一年獨自駕車前往法國克里孟菲爾火山口附近時，遇到外星人，後來的三年當中，與外星人接觸很多次，並曾經造訪過外星球，期間外星人告訴他很多地球人類的真相。

信中說：「沃里洪正在日本訪問，是不是能夠一週之後順道來台灣參訪，因為他接觸的外星人來頭很大，就是《聖經》裡面的耶和華！」

我一看不得了，「耶和華就是外星人？」這可是一個會震撼宗教界的大事件。

　　但是當時我只是一個公務員，無法負擔他們來台灣的費用，便和出版社發行人朱先生商量，同意費用由大家分攤。於是我回信給高阪勝己會長，歡迎他們來台灣，也告訴他們我安排的行程是：在台北圓山天文台做專題演講、找一家報社獨家採訪、安排上電視。

　　沃里洪是法國人，我馬上打電話給認識的淡江大學法文系主任賴金男博士，當時他也擔任《明日世界》總編輯，賴博士在電話中問明日期，便一口答應當翻譯。我又趕快聯絡台北圓山天文台蔡章獻台長，要在一個星期後用天文台的演講廳辦一場「我不是 ET：我到過外星球」的演講。蔡台長也很爽快答應了。

被選擇的人

　　7 月中旬，高阪勝己會長帶著沃里洪來到台灣，安排入住酒店後，邀請賴博士、蔡台長一起晚宴，並細談行程安排。此時沃里洪說起他的事蹟：

　　在 1973 年 12 月 13 日清晨，他獨自駕車來到克里孟菲爾的火山地帶，不是在兜風，只是想呼吸新鮮空氣，因為一年來接續不斷的的賽車活動，讓他非常疲憊。他將車開進路旁的休息站，下車佇足瞭望。他所停憩的地面是好幾千年前火山爆發所噴出高熱的岩漿冷卻後形成的。

　　清晨陽光十分柔和，一如瀑布般瀉下。停留一會兒，欲離開時，抬起頭望向由火山熔岩堆砌成的山頂做最後的巡禮。突然在濃霧中出現一道紅色光芒，而後又迅速消失，緊接著一架類似直升機的物體，慢慢降落在他的面前，整個過程無任何聲響。

　　當這飛行物降落到離地面 20 公尺高度時，清晰而具體的扁平外型，讓他很吃驚，原來竟是飛碟。許久以前他便相信飛碟的存在。這架飛碟直徑約 7 公尺，底部扁平，頂部為圓錐形，全高約 2.5 公尺，底部有強烈的紅光一閃一滅的探照著，頂上則有美麗的白色光芒，這道白光刺目快速，若不瞇起眼睛根本無法逼視。

　　飛碟毫無聲響的繼續下降，在離地 2 公尺時靜止了。他太驚異了，以致全身無法動彈，但是感覺並非害怕，而是感受到喜悅和幸福。就在他遺憾未帶相機而錯過了這劃時代的鏡頭時，不可思議的事發生了。

　　飛碟的下艙蓋打開了，一道樓梯垂下地面，待對方全身出現時，乍看之下有些像小孩，但當對方走下飛碟面對面後，便了解到，雖然對方身高僅約 120公分，但絕不是小孩。

　　站在 10 公尺外的「那個人」，有細長的眼睛、黑亮的長髮，和

克勞德‧沃里洪遇見外星人示意圖。

下顎粗黑的鬚。身著緊身的綠色服，頭部周圍籠罩著一圈不可思的光芒，藍空因反射出的光芒而震動著，對方看起來又好似穿著透明的潛水衣，外圍又包著一層泡沫，皮膚白而微微帶綠，面露微笑。

　　這段時間，沃里洪感到無法動彈。只好問：「你從何處來？」

　　外星人用強有力的聲音回答，略有鼻音：「我從很遙遠的地方來。」

　　沃里洪問：「你會說地球人的話嗎？」

　　回覆：「我會說全世界任何的語言。」

　　沃里洪問：「你是第一次來到地球嗎？」

　　「不是！」

　　「那麼你常常來？」

　　外星人略停一下說：「常常……這兩個字無法完全表達。」

　　「來地球有重要的事？」

　　外星人反問：「你常來這個地方嗎？」

　　「不常來。」

　　「這次為什麼來？」

　　「不知道，就是自然而然的來。」

　　「告訴你真相，是我用心電感應讓你來的。」

　　「為什麼？」

　　外星人又問：「你閱讀《聖經》嗎？」

　　「有的。這樣問，有何用意？」

　　「你閱讀的《聖經》是很久以前就擁有的嗎？」

　　「不是，前幾天才買的。」

　　「知道是為什麼嗎？」

「不知道，只是突然興起。」

「是我用心電感應讓你買的。我想透過你，進行艱難地破解《聖經》的使命，請進太空船，讓我們暢談一番。」

「你為何選擇我呢？」

「理由是相當充分的，第一，須居住在自由民主的國度，法國是民主主義的誕生國，全國皆瀰漫著自由的風氣。第二，須具備高度智慧而毫無私心的人。最後最重要的一點，是能獨立思考卻不否定宗教的人，你的父親是猶太人，母親是虔誠天主教徒，你是世界上最重要兩個民族的後裔，而且你的言語行動不因神的教誨而盲目陷溺，所以你所表達的將使事情的真實性提高。

「你不是科學家，無須使用複雜語言來描述，簡明扼要說明即可，同時你更非文學家，不會寫出令人難解的文字，基於這些原因，在 1945 年你們第一顆原子彈投擲後，我們便決定選擇某個人承當神聖使命，而你正是 1946 年出生的，從你誕生以來，我們就仔細觀察，而後慎重的選了你。」

（哈哈，我是 1948 年生的，或許也是有宇宙意義吧！）

這個外星人耶和華所講的，成就了日後很多地球人對外星的嚮往。而外星人耶和華開始對沃里洪解析《聖經》的真相，也成就了日後我的《聖經》研究主軸。

在酒店聽了沃里洪的故事，大家都覺得很震憾，如果屬實，對基督宗教的打擊就太大了，一時間大家都無語。

第二天，我去皇冠出版社談一本書的出版，正好遇上發行人平鑫濤先生，順便和他說起這位法國人沃里洪的事，平先生也感到興趣，了解之後自動表示來台費用也加上他來分攤。

第三天就在台北圓山天文台舉辦專題演講，精彩結束後，一位現場來賓

左起：前台北圓山天文台蔡章獻台長、時任日本宇宙考古研究會高阪勝己會長、法國人沃里洪、
前淡江大學法文系主任賴金男博士、我。

表明身分，原來是中央日報的記者，他說：「這個主題非常空前，內容非常精彩，是不是可以讓我做個專訪？」

　　當時我還沒有想到要找哪家報紙，這位記者一說，馬上解決了報紙採訪的問題，立即表示隔天到中央日報做個專訪。

　　沃里洪與高阪勝己來台灣五天，我全程陪同，臨走前一天也到美麗的淡江大學校園逛逛，感謝賴博士義務口譯。當天晚上，安排了晚餐，沃里洪交給

我他的五本英文版著作，說：「很感謝你五天來的接待與安排，這五本書給你，不用版稅，希望你翻譯成中文，讓更多人了解聖經真相。」

這也因此促成了次年五月由皇冠出版社出版《我到過外星球》，六月由希代出版社出版《外星人啟示錄》的機緣。

不可思議的複製技術

待沃里洪一行人回去後，我開始展開這件被交付的任務，去買了基督教與天主教不同中文版本的《聖經》，以及聖經研究方面的書。在翻譯過程中，屢屢讚嘆書中的情節，這絕對不是任何人能夠想出來的，在此舉兩個例子就足夠了：

第一例：《舊約·創世紀》2 章 21-23 節：

於是主上帝使那人沉睡。他睡著的時候，主上帝拿下他的一根肋骨，然後再把肉合起來。

主上帝用那根肋骨造了一個女人，把她帶到那人面前。那人說：「這終於是我骨中的骨，肉中的肉；我要叫她做女人。因為她從男人出來。」

大家想想「用那根肋骨造了一個女人」是什麼科技？有人會說是「基因科技」、有人會說是「幹細胞科技」。是的，都有可能。但是在沃里洪寫書的 1975 年，我翻譯成中文的 1983 年，地球上的科技根本還達不到這個科學水平，一般人根本還不知這些名詞。

第二例：《舊約・以西結書》37 章 1-10 節，標題是「枯骨的復甦」：

　　上主的大能臨到我；他的靈帶我到山谷中。那山谷到處是骸骨⋯⋯他對我說：「必朽的人哪，這些骨頭能再活過來嗎？」我回答：「至高的上主啊，只有你才知道！」他說：「要向這些骸骨說預言，告訴枯骨要聽上主的話。要告訴他們，我至高的上主對他們說：我要吹一口氣進你們裡面，使你們再活過來。我要使你們生筋長肉，包上一層皮。我要吹一口氣進你們裡面，使你們再活過來。這樣，你們就知道我是上主。」

　　於是，我遵照上主的命令說預言。正說的時候，我聽見了瑟瑟的聲音，一陣騷動，骸骨彼此連結起來。我看的時候，骸骨開始生筋長肉，包上一層皮，但是軀體沒有呼吸。上主對我說：「必朽的人哪，你要向風說預言，告訴它，至高的上主這樣說：從四面八方吹來，吹進這些軀體，使它們活過來。」

　　於是，我遵照上主的命令說預言，氣進入軀體，軀體就活過來，站立起來。他們的數目多得足夠編成軍隊。

　　大家想想，讓骸骨生筋長肉包上皮，軀體活過來。這是什麼科技？相信很多人會想到「複製人」的科技。是的，沒錯，二十一世紀大家都相信可以複製動物，可以複製人。但是，沃里洪遇到外星人是在 1975 年，我翻譯成中文書是在 1983 年，那個時候，地球上的人根本還沒有聽過「複製人」三個字。

　　一直到 1996 年 7 月 5 日，蘇格蘭羅斯林研究所和 PPL Therapeutics 生物技術公司才成功複製了地球上的第一隻複製羊桃莉。這個消息直到 1997 年 2 月 22 日才對外宣布，世人才知道有複製這件事。

　　但是，我於 1983 年翻譯沃里洪的書時就知道了，早了 14 年！而沃里洪

被外星人耶和華帶到他們的母星，親自看過複製人技術，更是早了 21 年。可見這個星際科技文明的精彩了。

　　沃里洪在書中寫到他在外星看到的複製科技：

　　指揮官說：「這就是製造生物機器人的裝置，現在為你製造一個機器人讓你看看。」指揮官向站在裝置旁邊的一個機器人作訊號，那個機器人操作了裝置中的幾個部分，然後叫我們走到裝置側面一個長 2 公尺寬 1 公尺的窗邊，在窗子裡的藍色液體中，宛如人類骨骼的東西開始成形，然後變成清楚的人骨形狀，不久就成為真正的人類骨骼了。接著，骨骼上出現幾條神經，肌肉包在上面，最後皮膚把整個蓋住，毛髮也生了出來。數分鐘前什麼也沒有，現在卻有一個體魄健美的男子躺在那裡。」

　　不是生物科技出身、不是理工出身的沃里洪，如何在 1974 年「亂想胡編」出如此先進的未來科技？相信很多生物科技出身的人也想不出來。

上帝是誰？

　　我在讚嘆這些超前的宇宙科技訊息之後，便用現代天文學的角度來深入研究《聖經》。於是在 1979 年 5 月出版《聖經·佛典·太空人》。

　　「耶和華」是基督教的中譯，天主教中譯是「雅威」，但無論稱呼什麼，「他」似乎也在宇宙中感應到我的用心，於是也開始向我傳來訊息，但不是聲音出現，也不是文字出現，而是在我研究《聖經》句子時，有一股超凡的理解

出現，我知道這不是我自己想的，因為以前從來沒有讀過《聖經》，沒有任何個人想法。這些訊息的出現讓我突然清楚了《聖經》的真正內涵，也明瞭「啟示」這個詞的真正意義。

「啟示錄」在天主教《思高聖經》譯為「默示錄」，東正教譯作「啟示錄」，唐朝景教（就是基督教）譯作「啟真經」。基督教會傳統上相信這是耶穌門徒約翰對未來的預警，包括世界末日的預言，接二連三的大災難，世界朝向毀滅的末日光景，並描述最後審判。但是「啟示」的希臘語 Αποκάλυψη του Ιωάννη 本意是「揭示、揭開」之意，並不是毀滅。

過去的我也和一般人一樣，認為「啟示」就是「世界末日」的來臨。但是在此過程中，我感受到耶和華告訴我「啟示」的真意是：「向人類揭開真相」，而不是世界末日。於是我在 1992 年 10 月出版《大啟示：聖經外星人實錄》，把啟示錄的真義做了說明。

到了 1995 年 11 月重新出版《聖經 vs 外星人》，次年 2 月又出版更為詳細的《上帝的真相》，同時又翻譯沃里洪授權給我的第三本書《第四類修煉》，副標題是「超地球觀點的心靈打坐」。

在這本書中，外星人太空船指揮官耶和華告訴地球人要進行「感官冥想」，不是靜坐就行了，很重要的是「必須先設定基因程式，才能通往完全覺醒之路」。但是，我到現在也還不知什麼是「基因程式」，也不知要怎麼做。

耶和華又說明了幾個超前的主題：「高級生物電腦」、「從個人到無限」、「與宇宙心電感應」等等。大家看看這些名詞，1996 年，26 年前我翻譯的書，放到現在的心靈團體來談，還是非常精彩，非常先進，裡面的星際文明訊息仍然值得現在追求靈性揚升的人來體悟。到了 1999 年 8 月，由於又從宇宙中得到很多訊息，於是重新出版了《聖經真相》。

回想與沃里洪認識的 1982 年之後的十多年，每年不斷的都有新訊息從宇宙中自動傳給我，除了《聖經》之外，還有最原始的基督教「諾斯提教派（Gnosticism）」訊息，以及「死海古卷」訊息。

「諾斯提」（gnostic）一詞在希臘語中意為「知識」，後來演變為英語 knowledge，是指一個源自於史前時代卻於數個世紀中活躍於地中海周圍至中亞地區的主義，認為可透過「靈知」（Gnosis）來獲得知識。

「靈知」在希臘語原文中，是指透過超凡的經驗所獲得的知識或意識，可以脫離無知及現世。

當時我自己也不知所以然，直覺感到「靈知」的文獻值得研究，因此去大陸做學術交流時，也去書城逛，看到有出版相關書籍就買回來，已經收藏好幾本了，而且也認為絕對和耶穌基督的早期有關。

從 2000 年起，我不知道為什麼「揭示真相」的信念一直灌入我腦中，似乎在告訴我，人類來到二十一世紀，已經到了向地球人揭示一件史前大真相的時代，也是各國政府公布飛碟外星人早就來過地球的真相時代了。

但是，我始終不知這訊息為什麼要告訴我這些，卻感覺冥冥中讓我建構出很完整的遠古地球人來源的架構，於是在 2011 年 10 月出版《當聖經遇到外星人》，算是做了最為完整的報導。

2016 年的某一天清晨，就在似醒未醒時分，有一道聲音傳入耳內：「你要用對話的方式將聖經真相重新寫出來！」

我不知道這個聲音是誰？但自 9 月 1 日起，一些宇宙高靈訊息每天都傳給我，經過數個月後，我終於知道來源了（恕在此不能寫出），而這個訊息告訴我，這本重寫的聖經書足以讓有識的地球人思考人類的存在問題。

我問虛空：「大概是指什麼？」

回覆：「如果耶穌沒有被釘在十字架上呢？如果他活到九十二歲呢？」

我一時之間驚得無言，這將會顛覆兩千年來的基督教信仰，能寫出來嗎？

所以幾經思考，只好將可以揭露的部分用新的面貌呈現出來，告知世人史前的真相！新約部分有關耶穌基督的驚天真相，只好暫時保密。

從 1982 年以來，我不知道何以星際文明訊息會一直主動傳訊給我，這個現象我自己也非常困惑，因為知道自己根本不是通靈人，只是個接收者而已。一直到 2008 年，在台北光中心的一次採訪中，方才揭曉我與宇宙外星人的關係。這個故事寫在第三篇。

其實要了解耶和華（雅威）的真相，可以從既有的天主教思高聖經學會出版的《聖經教義索引》中，清楚地解析出上帝名稱的真正意涵：

天主的名字：最主要的是 El, Elohim，中文譯作天主（上帝、神）和 Jahve。中文譯作上主、自有者，或音譯為雅威（耶和華）。

Elohim 是世人以理智給最高神明起的名字。

Jahve 是人由啟示才認識的天主的名字，是天主自己啟示的名字。

Elohim 亦可用以指稱其他的神。

Jahve 則只用以指稱唯一永生的真天主。

讓我們來詳細研究這一段文字，就可以明白聖經外星人的真相了。

先看第三句：「Jahve 是人由啟示才認識的天主的名字，是天主自己啟示的名字」。也就是說，這位「天主」自己親口告訴地球人，他的名字是 Jahve，這個名稱只適用於他自己，因此最後一句才會說「Jahve 則只用以指稱唯一永生真天主」。

再回看第一句，Jahve 在天主教譯為「雅威」，基督教譯為「耶和華」。天主的名字最主要是 El, Elohim。

這就奇怪了，不過以第二句「Elohim 是世人以理智給最高神明起的名字」這一句來解析，就可以看出端倪。

也就是說，Elohim 這個名稱是古代地球人對神的稱呼，是人類給他取的名字，不是神自稱的名字。

那麼，為什麼遠古人類會這樣稱呼呢？

因為當時他們看到一批人從天上飛下來，於是高呼：「El, Elohim！ El, Elohim！」這是希伯來語，譯成中文就是：「呀，天上來的人！呀，天上來的人！」

所以 Elohim 這個字在第四句中說「亦可用以指其他的神」，可見它是複數，因此也可知除了唯一最高神 Jahve 以外，還有很多與他一齊從天上下來的人，後世都稱他們為「天使」。

現在應該很清楚了吧！原來訊息真相就是：

Elohim 是指遠古時代從天上來到地球的一批人，被後世稱為神、天使。

Jahve 是其中位階最高的指揮官，天主教譯為「雅威」，基督教譯為「耶和華」，也被稱為上帝、天主、真神。

後世的誤解要歸因於：人類翻譯史上最大的錯誤，就是把複數的 Elohim 及單數的 Eloha 統統譯成了 God，然後轉變成有特定意義之唯一的神、上帝、天主。

耶和華（雅威）的訊息說：「是你們地球人把我稱為神，我從來沒有自稱為神或上帝，我只告訴遠古地球人，我名叫 Jahve，你們中文翻譯成雅威或耶和華，如此而已。」

「遠古地球人稱呼我們是 Elohim，從天上下來的人們，不是 God。是你們後世的宗教信仰把我說成了上帝、神。」

聽到這樣的說明，我一時無言，怎麼辦？

耶和華又說：「地球人哪，要打開禁錮已久的腦子，破除過去錯誤的認知！我要告訴大家，地球人不是宇宙唯一的人類，反而是很低等的人類。你們的科學現在還偵測不到宇宙其他星球的生物，不代表其他星球沒有生物。

「當然，宇宙中也有比地球落後的星球，甚至於還沒有生物的星球，這些都是很自然普遍的現象。你們都習慣用地球的科學標準來衡量宇宙，就如同你們的螞蟻或動物，要用牠們的認知來衡量你們人類的科技，做得到嗎？」

是的，這樣的比喻，也是我在演講時常常用的，不要說螞蟻了，就說你們家的貓狗好了，牠們能知道主人天天拿一個小東西靠在耳邊嘀嘀咕咕，是什麼東西？貓狗們能研究出來嗎？

耶和華又說：「我要引領更多地球人，從極高的宇宙角度，來俯視地球遠古發生的事件。我要告訴你們事件的真相，這是你們二十一世紀心靈的新啟示，希望這些啟示能引領有智慧的地球人，用理性與寬容的胸襟來重新審視《聖經》，打開禁錮已久的迷信思維。」

《聖經》故事的真相

於是，耶和華說了一個震驚人類數千年的真相，祂說：

「在二萬五千年前，地球還是一顆渾沌的星球，你們科學家稱之為冰河期的時候。在距離銀河很遙遠的一顆行星上，居住著科技已經高度發展的人

類，你們現在稱為外星人。他們解開 DNA 去氧核糖核酸的秘密，發現了生命的奧秘，於是運用嫻熟的高科技，成功地製造出人工生物。

「他們之中有些科學家很熱衷於複製生物，但是該星球上的反對輿論也相當大，認為製造出來的怪物可能摧毀他們星球上的人類，於是禁止恣意製造，不過同意這些熱衷複製技術的科學家去太空中尋找合適的星球，再進行複製生物的實驗。

「於是這些外星科學家在宇宙中進行探索，希望能夠尋找一顆讓他們複製試驗的行星。他們在銀河系裡到處發射太空偵測器，最後，終於找到了一顆行星，具備創造生命所需的合適氣候，就是你們的地球。於是，這一批外星科學家準備好儀器，降落到這個選定的行星上，但那時候的地球表面混沌一片，所以先開始改造地球表面，使大海和土地分開，造出大氣層，然後才降落到地面上，建造了很多實驗室，先從複製植物開始，然後一步一步再複製低等動物複，最後成功複製了人類……」

高科技外星人來到地球的所作所為全部記錄在《舊約聖經》裡頭，「但是你們的宗教都解讀錯了。」

耶和華開始做一些說明。《聖經‧創世紀》一開始有這樣的記錄：

起初，神創造天地。地是空虛混沌，淵面黑暗。神的靈運行在水面上。

此處第一句很重要，「神創造天地」，宗教界都解釋為「神創造宇宙」，他們堅信上帝是創造整個宇宙的最高主宰，外星人指揮官說：「我就是他們認為的上帝，唉，我們不是神，『神』是你們創造的。不是這樣，我們只是改變當時混沌的地球表面而已。」

「神的靈」事實上是外星太空人在地球軌道上空放下的「探測器」，使它在混沌地球水面上運行，進行海洋與大氣的探測分析。

神說：要有光，就有了光。神看光是好的，就把光暗分開了。神稱光為晝，稱暗為夜。有晚上，有早晨，這是頭一日。

真相是：指揮官耶和華命令所有外星太空人（Elohim）偵測太陽光，看看有沒有不利於生命孕育生存的輻射線，結果發現太陽光成分很好，適合培育生命。所以耶和華說：「光是好的。」接著便測量日夜的長度，因為地球的晝夜長度和他們的母星不同，所以他們必須先建立地球的星象標準。這是第一天做的事。

神說：諸水之間要有空氣，將水分為上下。神就造出空氣，將空氣以下的水、空氣以上的水分開了。事就這樣成了。神稱空氣為天。有晚上，有早晨，是第二日。

真相是：耶和華命令太空人運用高科技使大氣中的濃厚水氣凝結成雨降落到地面上，分開空氣層與水層，這一部分便稱為天空。這是第二天做的事。

神說：天下的水要聚在一處，使旱地露出來。事就這樣成了。神稱旱地為地，稱水的聚處為海。神看著是好的。

真相是：外星人為了便於降落地球表面，便在耶和華的命令下，使用極

具威力的爆炸力，將地面陸地爆了一個很大的凹地，水便匯聚在一起，露出乾地來。

引爆的地方就是當今太平洋，當時爆炸的威力到現在仍能測到，那就是「大陸漂移理論」所說的陸地移動。於是耶和華便分別命名陸與海。

神說：地要發生青草和結種子的菜蔬，並結果子的樹木，各從其類，果子都包著核。事就這樣成了。於是地發生了青草和結種子的菜蔬，各從其類；並結果子的樹木，各從其類；果子都包著核。神看著是好的。有晚上，有早晨，是第三日。

真相是：外星太空人便在地面上建造實驗室，開始展開他們複製生物的實驗，當然是先從簡單的植物複製起，一切過程照著指揮官的命令一一完成。這是第三天做的事。

神說：天上要有光體，可以分晝夜，作記號，定節令、日子、年歲，並要發光在天空，普照在地上。事就這樣成了。於是神造了兩個大光，大的管晝，小的管夜，又造眾星，就把這些光擺列在天空，普照在地上，管理晝夜，分別明暗。神看著是好的。有晚上，有早晨，是第四日。

太陽月亮原本就存在，不是天主製造的。這段話真意是：指揮官耶和華命令太空人分別測量太陽、月亮、星辰時序，因為地球的自轉和公轉週期與他們的母星不同，為了制定在地球上適用的曆法，便展開訂定年月季節長短等測量工作。這是第四天做的事。

神說：水要多多滋生有生命的物；要有雀鳥飛在地面以上，天空之中。神就造出大魚和水中所滋生各樣有生命的動物，各從其類；又造出各樣飛鳥，各從其類。神看著是好的。神就賜福給這一切，說：滋生繁多，充滿海中的水；雀鳥也要多生在地上。有晚上，有早晨，是第五日。

真相是：他們造完了各式各樣植物之後，耶和華便命令開始複製較簡單的水中生物，以及飛鳥。當然就是從最簡單的浮游生物開始，再複製小魚，然後是大魚，複製魚類之後，便開始複製空中飛翔的鳥類。這是第五天做的事。注意「各從其類」，生物是各別分類存在的，不是進化論所講的。可見進化論根本就是錯的。

神說：地要生出活物來，各從其類；牲畜、昆蟲、野獸，各從其類。事就這樣成了。於是神造出野獸，各從其類；牲畜，各從其類；地上一切昆蟲，各從其類。神看著是好的。

真相是：接著指揮官耶和華命令外星太空人複製陸地上各式各樣的動物。於是外星太空人便照命令複製各種動物，耶和華檢視之後認為做得很好。

神說：我們要照著我們的形像、按著我們的樣式造人，使他們管理海裡的魚、空中的鳥、地上的牲畜，和全地，並地上所爬的一切昆蟲。神就照著自己的形像造人，乃是照著他的形像造男造女。

這一段極為重要與精彩，因為揭示了一個極為重要的潛在訊息。

大家都知道「上帝」只有一位，為何祂在造人時要說「我們」兩字？

外星人千里迢迢來到地球，最終目的就是要造人，所以這一段真相是：指揮官召集所有太空人開會，交代他們要照自己的樣子來複製人，所以祂說要照著「自己的形像」，「自己的樣式」來複製人，也是交代不可以亂設計。

我研究古猶太經文的解釋，「我們」是指「天主和天使們」，所以用複數，這也明白指出當時造人的不只是上帝一人而已。但很奇怪的是，後世神學家都解釋為這是「威嚴複數」或「議決複數」，表示「三位一體」的複數。我不禁要說一句：「胡說八道！」

神就賜福給他們，又對他們說：要生養眾多，遍滿地面，治理這地，也要管理海裡的魚、空中的鳥，和地上各樣行動的活物。

神說：看哪，我將遍地上一切結種子的菜蔬和一切樹上所結有核的果子全賜給你們作食物。至於地上的走獸和空中的飛鳥，並各樣爬在地上有生命的物，我將青草賜給他們作食物。事就這樣成了。神看著一切所造的都甚好。有晚上，有早晨，是第六日。

那些來自遙遠星球的高科技太空人便複製很多人，有男有女，耶和華便向這些茫然無知的第一批地球人交代要做的事。

這個時期的地球人是素食人類，因為耶和華說：

地上一切結種子的菜蔬和一切樹上所結有核的果子全賜給你們作食物。

那是什麼時候開始人類變成肉食呢？

事實上，是在挪亞方舟大洪水之後。

神賜福給挪亞和他的兒子，對他們說：你們要生養眾多，遍滿了地。凡地上的走獸和空中的飛鳥都必驚恐，懼怕你們，連地上一切的昆蟲並海裡一切的魚都交付你們的手。凡活著的動物都可以作你們的食物。這一切我都賜給你們，如同菜蔬一樣。惟獨肉帶著血，那就是他的生命，你們不可喫。

可見，大洪水之前人類是素食的，大洪水之後人類開始葷食，這是人類史上飲食習慣的大改變。不過，耶和華也交代「肉帶著血」的不可吃，可是現代外國人吃牛排，還喜歡帶血的五分熟或三分熟。

天文學家告訴我們，宇宙原本混沌一片，約在一百三十七億年前，一聲大爆炸，產生了宇宙，誕生了恆星、行星，宇宙有了星光。而後在地球上，原始生命萌芽於海洋，然後有浮游生物和魚類，再來是兩棲類、鳥類、爬蟲類、靈長類，最後誕生人類。

整個宇宙演化與生物在地球上出現的過程，完全可以在創世紀中找到記錄，這是極為驚人的「巧合」，也極為耐人尋味思考！

真實的永生

我問：「你們在地球上建實驗室，複製動物人類之後就回到母星了嗎？」

「沒有，我們在地球上待了很久，以地球時間來算，大約是二千年。」

我驚訝的問：「二千年，你們不會老呀？」

耶和華訊息說：「《聖經》不是常在說『信我者得永生』，我們都是永生的生命。」

「可是那只是宗教信仰而已，二千年來所有的神父牧師還不是年老之後都死了。」

「那是你們地球人理解錯誤。」耶和華遺憾的說：「你是理工出身的，應該能理解，想想看，不斷用複製生命的方法，是不是就可以永遠活著？」

我一想，也對呀，任何人只要掌握技術，從自己身上取個細胞下來，就可以複製一個自己，因此被遴選的人，假設在 30 歲身體狀況最佳時，取個細胞低溫儲存起來，到 80 歲時用這個細胞複製一次新的自己，使之擁有 30 歲的體格，然後把 80 歲的智慧傳輸到新肉體，那麼新的 30 歲的人就擁有 80 歲的智慧。

怎麼傳輸？就跟傳輸電腦硬碟裡面的檔案一樣，很簡單的。

那麼第二次，再將這新 30 歲肉體取個細胞冷凍起來，到了 80 歲時又複製一次新肉體，再將多了 50 年的智慧傳輸到新的 30 歲的肉體，那麼就擁有 150 年的智慧。如此一次一次炮製下去，同樣一個人就會永遠活著，智慧是以 50 年不斷增加。

想到這裡，我很興奮，這種方法才真正是「科學的」永生，因此宗教信仰上的永生不是真正的永生，科學的複製人才是永生。

此時又想到《聖經》有句名言「信我者得永生」，這句話很重要，它並不是表面字義「信上帝得永生」，真正的意思是：相信高科技外星人所揭示的真理，不管信仰任何宗教，都可在未來得到細胞複製生命的方法，永生下去。

耶和華說：「像是摩西、以利亞、以諾、耶穌，很多聖經的先知，他們都活在我們的母星，永生的存在。」

這可是會震驚宗教界的話了，我問：「真的？」

「你看看〈馬太福音〉，耶穌帶著彼得以及雅各和約翰兩兄弟悄悄地上了一座高山。在他們面前，耶穌的形像變了：他的面貌像太陽一樣明亮，衣服也像光一樣潔白。忽然，三個門徒看見摩西和以利亞在跟耶穌講話。」

我一想，摩西和以利亞兩人是舊約時代的人物，耶穌是新約時代的人物，相隔最少二千年。

突然恍然大悟，事實上摩西和以利亞是靠細胞培養複製的方法而活著。他們原本在地球上的任務完成之後，便被接到耶和華的母星過著永生生活，現在又回到地球來告訴耶穌，讓耶穌知道任務快完成了。

我拍案叫絕：「太精彩了，完全說得通，根本不能用宗教信仰來迷信。」

突然我腦中湧出耶穌說的「我就是道路、真理、生命」這句話，真正的意思立即顯現出來，原來「道路」指的是，耶穌在世所揭示的一切就是通往高科技外星球的方法。「真理」指的是這一切都是真實的事情。「生命」指的是只有用複製的方法才能使人得到永生的生命。

我又問：「如果你們確實是來地球複製生物的高科技外星人，那麼你們的航空器，也就是飛碟，在《聖經》裡面有沒有相關記錄？」

「當然有」耶和華說：「你，翻開〈出埃及記〉13章，有沒有看到『日間，耶和華在雲柱中領他們的路；夜間，在火柱中光照他們，使他們日夜都可以行走。日間雲柱，夜間火柱，總不離開百姓的面前。』」

「哈哈哈，精彩！」我說：「摩西帶領以色列人出埃及，是您親自在天上率領走在他們前面的，『日間雲柱，夜間火柱』用現代話講，不就是『白天不發光的雪茄形飛碟』、『夜間發光的雪茄形飛碟』，這是大型的飛碟呀！」

此時我突然想到，在翻譯《上帝駕駛飛碟》書時，經常看到經文有「上

主的光輝」、「上主的榮耀」、「榮光」等名詞，例如：耶和華的榮光在雲中顯現、神的榮光出現了、以色列神的榮光從東而來、主的榮光四面照著他們、有上帝的榮光照耀著……。這些「榮光」不正是發光的飛碟！

最精彩而且最被 UFO 研究者推崇的是「以西結書」：

當三十年四月初五日，以西結（原文是我）在迦巴魯河邊被擄的人中，天就開了，得見神的異象。我觀看，見狂風從北方颳來，隨著有一朵包括閃爍火的大雲，周圍有光輝；從其中的火內發出好像光耀的精金。

這一段描述發光飛碟從雲層中破空而出，精彩絕倫，而且絲毫沒有疑慮的直接點出那是金屬造的物件，有什麼比這更明確呢？

從其中顯出四個活物的形像來。他們的形狀是這樣：有人的形像，各有四個臉面，四個翅膀。他們的腿是直的，腳掌好像牛犢之蹄，都燦爛如光明的銅。在四面的翅膀以下有人的手。這四個活物的臉和翅膀乃是這樣：翅膀彼此相接，行走並不轉身，俱各直往前行。

「四個活物」其實是指飛碟的四個螺槳著陸器，其形狀是長的，貼地的一端是寬的圓盤，以發亮似銅的金屬做成，「翅膀彼此連接成四方形」指的是同軸的螺旋槳，有四個葉片。當它滑行時，只要轉動貼地輪即可，所以說「不必轉身」。

我正觀看活物的時候，見活物的臉旁各有一輪在地上。輪的形狀和作法

好像水蒼玉。四輪都是一個樣式，形狀和作法好像輪中套輪。輪行走的時候，向四方都能直行，並不掉轉。

以西結走近觀看，看到螺旋槳下方有輪子，金屬反射著噴口的火焰，閃閃發光，輪子的結構相當複雜，它們不需要轉向就能往新方向走，那是因為輪子不只一個，每個輪子都另有一個呈九十度交叉的輪子，如同美國登陸火星的降落艇。這是很精彩的設計，方便在陸地上行走。

那時，靈將我舉起，我就聽見在我身後有震動轟轟的聲音，說：「從耶和華的所在顯出來的榮耀是該稱頌的！」我又聽見那活物翅膀相碰，與活物旁邊輪子旋轉震動轟轟的響聲。於是靈將我舉起，帶我而去。我心中甚苦，靈性忿激，並且耶和華的靈在我身上大有能力。我就來到提勒亞畢，住在迦巴魯河邊被擄的人那裡。

這是描述耶和華的飛碟載著以西結起飛的情景，相當逼真。螺旋槳的聲音，輪子轉動的聲音，飛碟的大響聲，以及人體在加速度 G 力狀況下，心臟負荷的難受，都被以西結實實在在的記錄下來。

進入天堂

我又問：「天堂就是你們的母星嗎？」

「不是，也是。」耶和華回答得如此莫名其妙。

「為什麼？」我很好奇，怎麼會這樣回答。

「我們的母星當然是天堂，不過在地球軌道上空也有天堂。」

「地球軌道上空？什麼意思？」

「你回去研究一下以諾書。」

此時我想到亞當、夏娃他們在《聖經・創世紀》上面的壽命紀錄：亞當活了 930 歲就死了。其兒子塞特活了 912 歲就死了；孫子以挪士活了 905 歲就死了；曾孫該南活了 910 歲就死了；瑪勒列活了 895 歲就死了；雅列活了 962 歲就死了（中間還有一個以諾）；瑪土撒拉活了 969 歲就死了；拉麥活了 777 歲就死了；著名的挪亞活了 950 歲就死了。

看看這一段句子，統統寫「就死了」，只有以諾是這樣寫的：

以諾生瑪土撒拉之後，與神同行三百年，並且生兒養女。以諾共活了三百六十五歲。以諾與神同行，神將他取去，他就不在世了。

以諾是《聖經》裡面唯一沒有「就死了」的亞當後代，他是建造方舟的挪亞的曾祖父。也就是說，他沒有死在地球上，而是「與神同行，神將他取去，他就不在世了」。

上帝把他帶到什麼地方？回到母星嗎？

果然，在〈以諾書〉看出端倪。在以諾書 14 章寫著：

我看見自己上升到雲霧中，星星和陽光快速的閃過。我乘風上升，他們把我帶入天堂。我經過那裡並進入一座水晶石作成的牆垣內，之後我進入了那水晶般的宮殿，牆壁與地板全是用水晶做成的。我在那裡看到了神聖的主。

　　這一般描述他被耶和華帶上飛碟，飛碟起飛以及穿越地球大氣層所遇到的景象，飛碟把他「帶入天堂」，事實上此處的「天堂」是停在軌道上的外星太空母船。

　　不過這個「天堂」不是豪華的地方，因為以諾接著又寫：

　　我還看見天堂的火柱深埋在深淵中，火焰不斷的盤繞著柱子落下，頂端和末端的情形是一樣的。越過深淵我看見天堂並沒有聯接任何的基礎，也沒有堅固土地，這上面沒有水、也沒有鳥，只是一個廢棄而令人害怕的地方。

　　這個天堂是漂浮在太空中的，所以「並沒有聯接任何的基礎，也沒有堅固土地，這上面沒有水、也沒有鳥」，更離奇的是以諾描述「只是一個廢棄而令人害怕的地方」，所以人心目中的「天堂」怎麼會是這樣？

　　事實上，這裡所謂的天堂是地面軌道上空的大型外星太空站，或許已經使用了二千年，很陳舊了，所以說令他害怕。

　　哈哈，不能再繼續詮釋下去，這樣會打翻基督宗教二千年來的盤，會讓一些人無法接受，實在太震撼了，不是嗎？

　　不過一時無法接受也沒關係，暫時把本書當做外星科幻小說來看，或許有一天就自然了悟了。

　　整本《聖經》完全可以用高科技外星人的角度做圓滿註釋。讓我想起1999年第一次出版《聖經真相》之後，有一天接到一通電話，對方說：「太高興了，我今年52歲，是台大醫學院畢業的醫師，也是從小就被父母拉去教堂的基督教徒，但我認為自己是現代知識分子，對於教會所講的會有疑惑，每次問牧師，都只會說不要問、要相信。但是，實在令我不高興。今天看到您的

書非常高興，為我解惑了，一切清楚了，非常感謝。」

　　所以，也在此祝福能夠立即相信的人，你們有福了！

2

神秘大訊息

　　1983 年，我出版很多部飛碟外星人書籍 7 年後，又成立了「台灣不明飛行物研究會（現稱為台灣飛碟學會）」。有一次在開會員大會時，一位來自高雄大樹鄉的通靈人也來到會場，說有一些訊息要告訴我，希望我能夠找個時間南下大樹。

　　沒想到這個會面讓我獲得了令人震撼的寶貴訊息。這次通靈訊息談到幽浮、百慕達三角、時空隧道、四次元、神靈界、超能力、亞特蘭提斯大陸、堪輿、陰陽五行等等，道出了非常多地球人未知的事情。

　　現在就讓我一一道來……

百慕達三角

　　神秘的百慕達三角（Bermuda Triangle）海域，位於美國佛羅里達州東邊，在這裡，曾有許多飛機與輪船神秘消失，一點殘骸都找不到（順便提一下，此

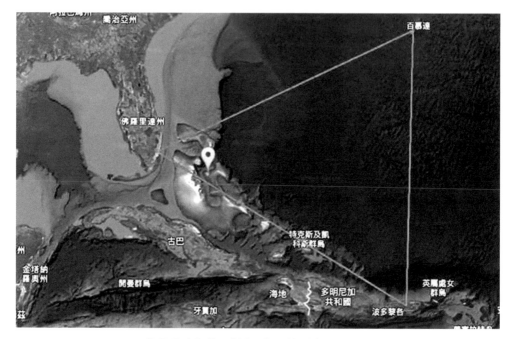

衛星照片上「百慕達三角」的區域示意圖。

處是海域，但不少人稱為「百慕達三角洲」，多了「洲」字是不正確的。）

　　許多研究者認為，百慕達三角海域底下，藏有一萬二千年前陸沉的亞特蘭提斯大陸。當時他們已經發展出高度文明科技的產物，能發出強大磁場的裝置，現在仍在海底運作，所以會在地球上形成強磁場區，使行經該處的飛機和輪船都受影響。

　　通靈訊息告知，事實上百慕達三角的現象在地球上並不只這一處，整個地球一共有十處神秘地區。除了這裡之外，第二處是在日本與小笠原群島之間，有些日本漁民稱為「魔鬼海」的海域，因為也曾有許多船隻在那失蹤。

　　第三處是在地中海，有些法國及以色列船隻無緣無故地在此區域失蹤，也有些小船在葡萄牙及摩洛哥之間失蹤。第四處是在阿富汗。通靈訊息所言的

四處，有一個驚人的共通點，那就是它們都位在北緯 36 度的附近，而且彼此相隔經度的 72 度，換句話說，正好是圓周 360 度的五分之一。

那麼，是否有第五個百慕達三角呢？以北緯 36 度來查看，第五處應該在北太平洋夏威夷群島的東北方。由於此海域不處於航線上，所以未曾有過失蹤事件發生。

我說：「看看南半球吧。南半球也應該有五處這樣的相同現象。」

依照紀錄的通靈訊息指示，第一處是在阿根廷東邊海岸，第二處是在南非的東南海岸，第三處在澳洲東南岸之外，第四處在印度洋中間，第五處在南太平洋大海中。令人驚異的是這些地區也都位在南緯 36 度附近，且相隔 72 度。地球上這十個奇異區域分佈得很規則，此種現象有何意義呢？

訊息說「的確是有意義」，南半球的五處和北半球的五處並非與地心連成一直線，而是隔開 23 度半，這 23 度半正是地球公轉傾斜的角度。這難道是巧合？或是宇宙的奇妙安排？

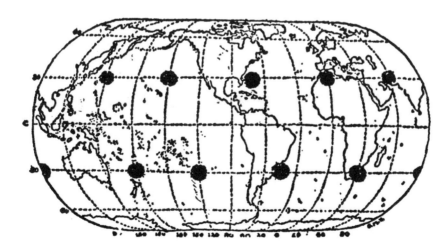

全球十大「百慕達三角現象」位置。

時光隧道

接著通靈訊息談到「時光隧道」，所指稱的「時光隧道」事實上有四種。

第一種是大家比較熟悉的，稱為「時光隧道」：就是前面所說在地球上平均分佈的十個奇異區域，是宇宙間自然形成的，像一根香腸一樣，在宇宙中浮游，兩端各搭一個時光區，地球上的十個奇異區域時常和「隧道口」相連。

在外界看來，時光隧道好像被白煙遮住，就和許多人看到海面呈現白煙的狀況一樣，這個時光隧道可以通到史前，也可以通到未來，當然也可以通到其他星球。

換言之，在地球上百慕達三角消失的飛機和輪船，會在另一時空區出現，或在其他星球上出現。

第二種是「時光走廊」：它像是許多通道，可以進入另一個世界。有些遭遇時光走廊的人會覺得眼前突然出現好多條路，不知哪一條才是自己要走的，如果他隨意進入其中一條，這一條又不是原來他所存在的世界之通路，那麼，他會從原來世界消失，走向另一個陌生的世界。

第三種是「時光空間」：是指不同空間干擾在一起，舉例而言，我們坐在客廳，看到室外有人走來，在他跨過門檻時，卻突然消失了，此種現象就是那個人進入時光空間了，他會以為自己仍未走到客廳，而一直走下去，事實上，他已來到另一空間，對他而言，時間已靜止了，他感到自己處在茫然之中，不知方向，只有一直走下去。

這時我想到曾經發生在台灣上個世紀四十年代的事件，當時新聞都有報導。有一個人到新竹大霸尖山，在山上看到兩個人在下棋，他便站在旁邊觀賞，等棋下完了，他便循原路回家，結果，才知道他觀這一盤棋竟過了人間十

年，這十年當中，他的家人早以為他在山上失蹤了。其實，這個人就是進入時光空間，雖然他在另一個空間只感覺下一盤棋的時間，但在我們這個空間，卻已過了十年。

第四種是「時光轉移」：那是指「時間不變、空間變」，或「時間變、空間不變」，或兩者都變的現象。例如，在天空飛的飛機，底下原本是汪洋大海，卻突然看到海中有島嶼，對照地圖，此處本來是沒有島嶼的，他和塔台通話，仍可互相呼應，只是無法知曉這海中島嶼是不是真的。這就是時光轉移的例子。

這四種時空現象，完全超出目前地球科學的認知，也沒有辦法做實驗證明，卻是宇宙間固有的現象。我接受此種通靈訊息，也只能當做新知來看，不然要怎麼辦？

宇宙就是時空

宇宙就是時間和空間的連續體，它是由「時間流」和「空間流」構成的。用地球上的座標來解釋，很多條橫座標姑且稱為時間流，很多條縱座標姑且稱為空間流，交錯的地方就是時空點，也就是一個宇宙。

因此，會交叉出現無限個宇宙時空點，如果地球人能掌握時空點的轉換，那就能從事宇宙旅行了。舉個例子來說，假設地球的時間和空間座標都是三，如果有一種儀器可將時間轉換到二，就可以回到過去，轉換到四，就可以去到未來，但空間都是同一個空間。

如果有這個儀器也可以將空間改變，那麼，人類將空間三轉換到二，就

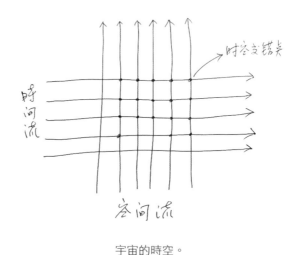

宇宙的時空。

可以到達另一個空間，轉換到四，又到達另一個空間，而在這些空間當中，時間都是一樣的。

　　或許一時會有很多人聽不懂，沒關係，因為地球人尚未能知曉這些理論。

歷史上大消失事件

　　通靈訊息談到西元 1280 年，元世祖至元 17 年發生的事情時，我完全被驚訝住了！

　　當時顯赫的蒙古帝國橫跨歐亞兩洲，而波斯同時出現了三寶，即金剛玉佛一對、定天金鐘一只、《波斯經》全卷。兩個金剛玉佛目前仍在，一在日本，一在紐約。1976 年時，該玉佛在倫敦拍賣，高達 2 億英鎊。《波斯經》即《地藏王經》，曾置於山西五台山，現存於美國。

　　定天金鐘重達 20 萬噸，故事曾被拍成電影《長船》，說到這裡，我很高興，因為這部影片也在台灣電影及電視上播映過多次，我非常喜歡這部電影，電影與電視都各重複看了一遍。

　　定天金鐘是西元 632 年由波斯王子獲得，純金製造，價值非凡，紀錄上說「置金鐘地點在冰島、格陵蘭、挪威之間的一個小島上」。我旋轉地球儀，在這裡發現有一個小島，叫做揚馬延島，不知是否就是這裡。不過，在一萬二千年前，海平面沒有這麼高，這裡應該是一個較大的陸地。

　　元世祖當時為了取得金鐘，曾派 20 萬騎兵、10 萬民伕和 10 萬頭畜牛駱駝，由帖木耳護送回朝，他們浩浩蕩蕩一行人由波斯經尼泊爾、天竺、西康、青海而行，經青海時，在安西翰海處全體失蹤，此處也位在北緯 36 度。

　　歷史文獻記錄「該事件發生於西元 1289 年農曆 3 月」。試想，如此龐大隊伍，會在沙漠上消失，是全部被狂沙掩住或有其他原因？若是狂沙，要完全掩蓋 20 萬騎兵、10 萬民伕和 10 萬頭畜牛駱駝和一尊 20 萬噸的金鐘，絕對不可能。

　　通靈訊息說，這是一樁進入時光隧道的事件，當時這支龐大隊伍從地球上消失，進入時光隧道中，去到地球人永遠不會知道的宇宙另一個地方。

　　我聽到這裡，不知怎麼的，非常難過，久久無法釋懷。

亞特蘭提斯

　　通靈訊息又說定天金鐘是亞特蘭提斯文明的遺物，它原本放在亞特蘭提斯大陸最高點上，但該大陸沉沒海底，只留下高山頂成為冰島北方的小島。

在一萬二千多年前，亞特蘭提斯大陸是地球上文明最發達的地方，他們已發展出飛碟航空器，也知運用太陽能和宇宙能，當時，亞特蘭提斯人統治全球，建立一個驚人的聯邦，其中央政府就位於亞特蘭提斯大陸上。

通靈訊息說，那時地球上分成十個王國，在柏拉圖神話中也說過，當諸天神統治地球時，把亞特蘭提斯大陸分配給海神波塞頓，他有五對雙胞胎共十個兒子，他將長子封為太子，其餘封為王，分別治理全球十個王國。

這十位兄弟統治全世界很久，一直實行良好的政治制度，成為當時禮義之邦。其中一位國王統治的地區就在黃河流域，祂就是中國神話人物伏羲氏，當時，黃河流域及附近地區均屬亞特蘭提斯中央政府管轄。

在亞特蘭提斯文明時期，地球上的陸地和現在的不同，那時地球表面十分之八是陸地，不像現在只有十分之三是陸地。而且，更令人驚訝的是，當時地球不是南北極，而是東西極，東極約在中國青海省內，西極約在今智利西方太平洋中，因此，亞特蘭提斯大陸並不像現在冰島附近那樣寒冷，反而是處在四季分明的溫帶地區。

當時中國大陸本土是伏羲這位國王在管理，他任用的尹卿令（等同於現今總理、行政院長）共工發起政變，圖謀王位，伏羲兵敗逃至蘭州附近，正欲自殺，亞特蘭提斯使者來到，力勸伏羲，並授與河圖洛書等高深兵略，且以八卦佈陣，最後戰勝共工，重新治理史前大陸這一大塊土地，並精研發揚河圖洛書各種理論。

通靈訊息就是這樣說的，我也驚訝住了，也久久不能釋懷，只好說：「這樣就完全改寫中華文明史了。」

地球極點曾改變過，這是今日地球科學上已知的事實，但是科學卻無法解釋為什麼？

　　現代人也知道地殼在不斷移動中，今日撒哈拉沙漠在八千年前是一片草原，並非如今的沙漠，所以科學家才會在撒哈拉沙漠中找到很多生物化石。這些實例就是證明以前地球不是南北極，而是東西極。

　　我問訊息：「為什麼地球極點會變位？」

　　訊息說，這是史前時代一件地球大災變事件，換言之，亞特蘭提斯陸沉、挪亞大洪水、女媧補天、地球東西極變南北極，都是同一件事情造成的。那就是在八千多年前，一顆星星曾和地球相撞。

　　這是史前地球人類的浩劫，也是高等地球文明毀滅的時刻，這件事過後，留下了許多當今種種神話傳說，也使地球回到原始時代。

　　這顆星不是太陽系九大行星中任何一顆，它的組成有三顆，也就是說兩顆較小的環繞中間大的公轉，而這個三連星系統和我們太陽系做互相旋轉，宛如雙星一般。

　　就在八千多年前，這顆星和地球擦撞而過，擦撞地點就在現今日本列島、琉球群島、台灣、菲律賓群島、新幾內亞島這一島弧聯線的東方。

　　從 Goole Earth 上可以看出，這個海域稱為菲律賓海，也可以發現這一大弧形的東方太平洋海底，就是一大片擦撞出來的地形，撞擊的中心位置就是呂宋島的正東方。

　　所以海底才會有被推出來的地塊。而且地球上的許多海溝，以及全球最深的海溝都在這裡。

　　這顆星擦撞地球，使地軸由東西極變成南北極旋轉，也使得亞特蘭提斯陸沉，造成《聖經》挪亞大洪水，在中國則產生共工頭撞不周山的神話，使東方天柱傾斜，以及女媧補天的神話。但是，這裡的「共工」是指這一顆星，不是和伏羲戰鬥的共工，古老的神話錯認為同一個。

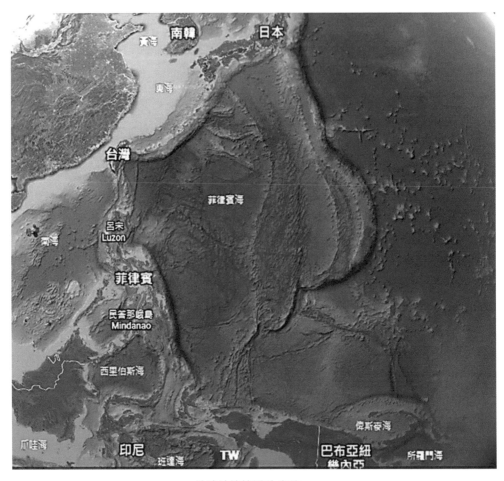

地球被擦撞過的痕跡。

　　亞特蘭提斯大陸的確存在過，伏羲氏也不是神話中的人物，他是西元前四千多年的一位國王，女媧是他的妹妹，也是希臘神話中十位天神的妹妹，事實上，希臘神話的十位天神就是地球災變前治理全球的亞特蘭提斯十位國王。

　　五年後的 1988 年，我曾經來到中南美洲考察馬雅文明，當時我國駐瓜地馬拉大使館的一等秘書吳東融先生（照片右）安排我（中）與當地一位著名考

當時我國駐瓜地馬拉大使館的一等秘書吳東融先生（右）、我（中）
與當地一位著名考古教授（左）。

古教授（照片左，忘了其大名）見面，我向他談到在太平洋這裡曾經發生過星
球擦撞事件，他相不相信？

　　這位瓜地馬拉考古教授說：「我相信，因為南北美洲的東邊全是平原，
山脈都在西邊，就是在太平洋的這一邊，很顯然，是從西邊推擠出來的。」

伏羲卦、風水、陰陽五行、宇宙能場

　　前面說到的亞特蘭提斯的十個國王之一的伏羲氏，利用河圖洛書及八卦
來佈陣，打敗了共工，從此他就精研此種高科技理論，配合天地萬象，改良而

成著名的伏羲卦。通靈訊息說，事實上易理和卦象並不是做為占卜之用，它原本是高等數學的極至，能利用簡單的公式來計算宇宙事物。要發展到這一地步，以現今科技而言，尚需約五百年時間，也就是說，五百年後的地球文明才會與一萬二千年前的亞特蘭提斯文明相當。

伏羲卦的易理就和愛因斯坦的統一場論一樣。愛因斯坦是用一個公式來含括所有力場（重力、電力、磁力、核力），而伏羲卦是用一個公式來囊括宇宙所有數理。

我們若是承認愛因斯坦是偉大的物理學家，也應該承認伏羲是偉大的數學家。只是，偉大的數理不容易受人了解，就和偉大的統一場論不被一般人了解一樣，久而久之，理論式微，知道精髓的人減少了，略知皮毛的人增多了，演變下去，變成占卜算計之用。

時至魏晉，陰陽家興盛，一切學問都蒙上陰陽觀點，以此為出發點，不論是堪輿、命相、五行都成了術士吃飯的條件，使高深的科學道理成為玄學。風水堪輿也是如此，那是觀看山勢地貌選擇佳地的學問。

事實上，李約瑟在《中國科技文明》一書中也提到風水是「神秘生態學」，指風水屬生態學理論，是在維護大地景觀，創造人與自然均衡的生態環境。他認為，現代尖端的生態學說完全和風水理論相符合。

不錯，李約瑟找到風水的科學，但畢竟他是西方人，未能全懂東方民族的社會習性。

風水就是地球磁場，用物理術語來說，磁場強度高、磁通量大的地方，會有增強效應，在地表上，這個地方就是好風水所在。反之，磁場強度低、磁通量小的地方，就是不好之地，因該處能量不足，會影響到人體生物能量場。揭開神秘面紗，風水就是磁場，就很容易了解了。

　　而與風水同樣受迷信神秘面紗包著的，就是「陰陽五行」。說穿了，陰陽五行就是宇宙力場的分佈，也就是能量與方位學，它不但適用於地球上，也適用宇宙各處。

　　多年來，美國航太總署的科學家在研究宇宙能量場的觀念，他們認為宇宙是由「能」構成的，這個能有不同波長頻率，組成不同的宇宙。

　　到了現在，有關宇宙能場的理論與文章比比皆是，這個想法已經不是怪力亂神了，因為 2003 年初，美國航太總署已經公佈，宇宙中可見物體，大自銀河、星辰，小至人類或細菌，其總組成物質只佔不到宇宙物質總量的 5%，剩下的 95% 當中，約有 25% 由神秘未知的「隱秘物質」（dark matter）與 70% 的「隱秘能量」（dark energy）組成。

　　這個理論已經不再神秘，也是科學界公認的事實。但是請注意，通靈訊息早在 1983 年就傳給我了，足足早了 39 年。但這麼多年來，我只能知不能言，因為說出來一般人也不懂。

異次元與神靈界

　　既然宇宙是由不同波長頻率的「能」構成的，那麼就不會只有一個宇宙，應該有無限個宇宙，這些宇宙並不像星球一樣，各自獨立，而是互相重疊。

　　換言之，我們的宇宙同時還存在有另外的宇宙，我們的空間同時還存有另外的空間。

　　這是 39 年前給我的訊息，怎麼竟然和近年科學界提出的「平行宇宙」、「多重宇宙」的說法相同！

　　用地球上的電波頻道來比喻，我們打開電視機，不同電視頻道的頻率都不相同，互相存在於一條纜線內，卻不會互相干擾，同時，我們也知道還有無數廣播電台的波存在這個空間，無數手機的波也存在這個空間，我們的身體沒有感覺，但收音機、電視機、手機都可以接收到。

　　這些波都看不見，卻都存在著！這是重要的概念：「看不見卻存在」。以此來觀宇宙，我們可以說在這個空間有無數其他宇宙存在，只是頻率不同，互相不干擾，我們看不見那些宇宙，但它們都存在著。那些宇宙就是異次元的宇宙。

　　佛經上說虛空之中，有無數國土與眾生，地球位於南瞻部洲，其餘還有東勝神洲、西牛貨洲、北俱盧洲。此四大洲組成一小世界，一千個小世界組成一小千世界，一千個小千世界為一中千世界，一千個中千世界為一大千世界，宇宙有三千大千世界。

　　以數學計算，可以得到宇宙三千大千世界有三兆個小世界，其中一些小世界和我們位於相同的次元，另有一些位於不同次元，亦即所謂的四度空間、五度空間等等。

　　神靈界就是不同於我們的異次元世界，它存在著，但我們看不見。我們是三次元空間，他們是高次元的空間，因此，他們的能力大於我們。我們要了解他們很難，他們要了解我們卻很容易。

　　要解釋星際文明的神靈現象，必須用宗教及非宗教、科學與非科學之方法，才能領悟。

　　意思是說，如果我們假設神靈是宗教性的，那麼非宗教的一面是什麼？必須先有概念才可以。如果我們視神靈是非科學的，那麼異次元空間是科學的，兩者如何解釋？也需要先能明白才可以。

目前人類文明已達三維末期，將進入四維時代。換言之，人類原本居住在地球上的三維空間，因科學發達，太空船已達其他星球，開始使用太陽能，算是正進入四維時代之門檻了。

通靈訊息說：「四維時代要持續七、八百年，然後，是銀河時代。」也就是說，四維時代再發展下去大約一千年以後是銀河時代，再之後是宇宙能時代，那就是二千年之後了，那時，地球人才會真正了解宇宙的本來面貌。

要了解這些不能靠邏輯推演，也不是靠科學探測，此種思想來自宇宙星際文明，也就是來看宇宙間的高等生命體，唯有如此，才能了悟宇宙。但是，要和星際文明溝通，不是人人能行的，所以「真知」不是人人具備的，必須仰賴自身修持。

我們人體不光是一個會活動的有形肉體，它還包括著屬於無形的四維靈體，它是跨越兩個維度的物質與能量。

如果四維度的靈體離開三維度的肉體就是死亡。既然如此，那麼靈體如何依附肉體？它又如何脫離肉體？

通靈訊息說：「靈體的出入口是在雙眼間的鼻樑正上方，也就是雙眼正中間略凹的地方，此處的頭骨有一個很小很小的小洞，靈體就是在此出入的。此處就是天眼所在。

「一般人由於俗務纏身，終日為生活奔波，以至靈體無法自由出入，久而久之，小孔便閉塞。有些人練通靈方法，就是在使自己能安靜地將俗務暫拋棄，全身貫注於靈，時間一久，靈體便會增加活力，從這個小孔出去。但久久未開的小孔好像久未開啟的生銹之門，初學者在靈魂出竅時，會全身搖晃，神志恍惚，不知所主，這時最危險，激烈者會引起腦溢血，因此，自己練通靈必須找名師指點，而在適當時機衝破竅門，才不會走火入魔。

「一旦靈體出了肉體，不可讓它外出太遠，只能在四周觀看，否則，它行走太遠無法返回，成為孤靈，而肉體便成為植物人狀態。」

這個訊息把靈體說得很清楚，令我嘆為觀止。當然也超乎現代科學的理解，也無法用科學方法證實，只有讓有修煉經驗的人來認可了。

更精彩的是提到：「人有六靈，即：一原靈，人的聖氣，呈金黃色。二元神，人的正氣，呈紫紅或青黃色。三靈猴，人的魂魄，也是腎氣，呈粉紅色、奶白色和金黃色。四靈騷，人的腎氣，也是邪氣，呈白藍紫色。五幽靈，又稱休靈，是魔氣，呈乳白、海青色。六幻靈，人的怪氣，也是意志，呈煙霧狀態。」

通靈訊息道出如此詳細的分類法，實是超出我們的認知，不知要如何表達，只有全然相信。

神靈與宗教信仰有密切關係。在基督教中，我們知道耶穌被釘在十字架上時，有兩位強盜和他一齊被釘，一位在左一位在右，此左右兩強盜宛如人的左右兩眼，耶穌居中，即居兩眼中央鼻樑處，乃是人之靈所在。

人的兩眼構成橫線，鼻樑構成縱線，此二線相交成十字形，即和基督教之十字同義，交叉之點就是靈的所在。可見，人是「靈」「肉」的合一體，要合方能生存，分開就是死亡。

在回教中，教徒參拜阿拉真神時，是兩手向左右橫伸張開，成五體投地或俯拜，此也構成十字架形式，人體位居中央，象徵靈居其中。而穆罕默德像是左手拿經典，右手持劍，表示要信仰真理，必須先讓肉體死，以純真之體來接納真理。

各種宗教都離不開神靈，不是沒有道理的，其中奧秘連許多宗教人士也不清楚，不能怪他們，地球人的時機未到，上蒼不會露盡真理的。

人類的來處

通靈訊息在最後談到人類的起源，這也是歷代哲學家和科學家所探討的最大問題，可惜，數千年來，還沒得到真正的答案。不管進化論也好，或聖經上所講的創造論也好，都無法圓滿解釋地球人的出現。到了二十一世紀，更多的種種考古發現，也已經證明進化論是錯誤的。

事實上，地球人不是生自地球本身，而是來自銀河系其他時空的星球。這個觀念在 1970 年代已經被一位瑞士人丹尼肯所提出，他的《諸神的戰車》、《史前文明的奧秘》、《大奧秘》一系列作品成為全球新觀，轟動到現在，原因無他，在於他說出了地球人內心深處的鄉愁。

我相信有些人在夜觀繁星時，會有一股難言的感情油然而生，這就是「星空鄉愁」，來自數億年前的星際感情。

通靈訊息說：「地球人是三億六千五百萬年前，由距離現今五萬光年處的另一個星球移居而來的，這是一次龐大的宇宙移民。人類每隔一段時間就要大移民一次，以不同太陽系的七個行星為一組，其期間約為五十億年左右，而人類在每一行星上要生存二億至八億年，在這個地球上，人類將生活四億年，然後大移民到其他星球。

「在六億六千五百萬年前，地球人的先祖從光音天下來，在地球定居，開拓這個新的行星，而每隔八千二百年左右，人類文明會因生活富庶、科技發達而趨墮落，因此，會有一次大毀滅，殘存的人有幸擁有部分未毀的高度科技理論，在洪水結束後重新開創另一階段文明。」

訊息說到這裡，我立即想到「光音天」正與釋迦牟尼佛在阿含經中說過的相同。而「八千二百年」似乎也與這一次文明時代相符。因為科學界早就知

道地球大毀滅已發生八次，也就是地球曾有過八次冰河期，每次冰河期就是上個文明毀滅，下個文明萌生的間隔。

據科學家估計，一次冰河期持續達數萬年。為何要持續數萬年？因為文明大毀滅歸因於核子戰，這是科技發展必然途徑，一次核子戰使地球地殼變動，大氣層充滿輻射線，生物大多滅絕，生態環境極為不良，需經過數萬年，才能恢復純淨的地球環境。

訊息說：「現在的地球文明，還要七百多年才能發展出大規模移民宇宙的交通工具，而從事太空遷徙的計畫要在一萬年之後，屆時，地球人將移居距今約四萬光年處的其他太陽系另一行星。

「那個太陽系和目前的太陽系約略相同，但有十八個行星，四十二個衛星，在那個星球上，人類要居住六億年，然後，再一次大移民。」

當然這一段所說，是我們無法親身體驗的，也是最令人感到不可思議的，也許很多人會說我在胡說，沒有關係，就當做科幻來看，反正那個時候，現在的我們早就不在了。

這一段 1983 年的宇宙訊息中，透露出許多前所未有且具前瞻的觀念，說它奇也可以，說它真也可以。不管如何，信的人信，不信的人不信，任何人有自己的看法，我也用不著費心去想改變他人的看法。

或許有人會罵我胡說八道，要我拿出證據；或許有人會視我為先知，要我開導；或許有人不屑一顧；或許有人拍案讚嘆，都沒關係。就像 1985 年我開始出版幽浮書之後，當時有幾位科學界教授批評我是「怪力亂神、科學野狐禪、不科學、科學神話、偽科學」，當時我非常篤定地也寫一篇文章，最後一句是：「時間會證明我是對的。」到了現在呢？大家都相信有飛碟、有外星人了吧！

　　人類在宇宙洪流之中不過像過隙之駒，短短七、八十年壽命，能知數億年間的事嗎？人類不要太自大，每個世代總要有一些先知出現，才能掌握住人類演進的巨舵，這也是必然的，是宇宙文明的高等生命體早已安排好的。用科學術語來講，是宇宙早就定好的法則。

　　現在已經進入二十一世紀很多年了，當今人類在此時空當下，必須將過去腦袋存放的東西做一個重新檢視。例如，以前認知的生命起源、進化論、神話學、考古學等等，已有很多新出土的文物證明人類文明的發展不是如過去所認知的，不僅打破了進化論的神話，也打破了考古學的推測。

　　在中華電信 MOD 頻道裡面的「Ancient Alien（遠古外星人）」節目，每天都有精彩的全球考古與外星人來地球的內容，足以推翻進化論、神話學、考古學。

　　又如佛經裡面所說的神通，天眼通（能見極遠方事物，或能透視障礙物）、天耳通（能聽極遠方音聲，或能跨過障礙物聽到聲音）、他心通（能知他人心裡所想）、神足通（不受時空限制能隨心遊歷極遠處，或過去現在未來三世）、宿命通（能知過去宿業，知道現世或未來的結果）、漏盡通（破除執著煩惱，脫離輪迴），過去認為全是佛陀所說的無法證明，但在「量子糾纏」提出之後，科學家已經能解釋這些神通了。

　　又如這兩年來的新冠疫情，如果還是用西醫殺滅細菌病毒的思維，絕對無法平息疫情的。因為在地球上沒有人類的遠古時代，就存在各種細菌病毒，現在的環境當中，細菌病毒也是無所不在的，我們體內也有無數細菌病毒，想要用西藥去殺它們，會先把自己殺死的。

　　所以，我在 2020 年出版《Covid-19 過後：2020 人類大未來》一書，就寫出疫苗的陰謀，疫苗做不到使人類健康，反而是要減少人口用的。所以，根據

統計表，打疫苗死亡的人數比沒打的人多很多，但醫師都會歸咎於原來就有慢性疾病。

　　所以，在越來越混亂的全球局面下，人們要如何自處？要如何安身立命？我認為只有勇敢跳出以前教科書所告訴的、勇敢跳出當今政府設下的種種限制，勇敢且用心去接受前所未有的新觀念。

3

外星高靈帶來的鄉愁

2008 年 9 月，位於新北市新店中央七街的知名心靈平台「光中心」落成，負責人周介偉先生邀請我出席。就在一片和樂的啟用儀式後，當時的主編 Phyllis 張小姐邀我做個採訪。於是周先生、我、主編一行三人上到三樓。本來 12 月中旬時，主編就規劃了兩篇與外星文明有關的報導，也通知我會來採訪。既然現在來到光中心，乾脆改在公司受訪，順便也可以參觀一下。

整個過程，張主編曾經以《外星人就在你身邊（下）》為題，發表在她的部落客上。

來自外星的老鄉

事件是這樣發生的：

我們來到三樓坐定後，張主編拿出她收藏已久的《大世紀：佛經宇宙人紀事》一書請我簽名，然後就展開了聊天式的問答。當時也聊到外星文明與古

文明、宗教經典、生死學在台灣的發展，還談到我當時致力推廣的細胞分子矯正營養醫學。

就在採訪告一段落之時，一位當時光中心的助理小姐新同事Ａ上樓找人，見到我，便順道向我這位稀客打招呼。我們當然都不知道Ａ小姐有敏感體質，能夠接收異次元訊息，所以當時很突然的，她表示有「外星訊息進來」時，我們都傻眼了，同時也感到興奮。

事件過後，Ａ小姐說她過去從未接收過來自外星人的訊息，自己也感覺很奇怪，也很新奇。

當時張主編認為，由於在座的我是位外星專家，加上她那時見到不少通靈人，對這類訊息見怪不怪。

但或許外星人一直試圖要與我溝通，只是苦無機會，這回逮到一個現成的媒介，自然想藉機傳遞一些訊息吧。

於是，展開第二段的採訪。Ａ小姐說，她感覺到外星人融入了她的身體，企圖透過她的肉眼來觀察我。這個外星人就是前言所說的一股高能量，沒有形體，所以不如說是「一團外星靈體的能量」，但為了敘述方便，還是稱他為「外星人」。

這個外星人透過Ａ小姐表示，他們是我的老鄉，這意思是說，我的靈魂也是他們那個星球來的。但當時我也不敢說出來，兩年後自由時報採訪我時，才敢公開。

此時，Ａ睜大眼睛，直盯著我瞧，似乎正好奇地打量著「老友」生為地球人的樣貌。

看了一會兒，外星人做出了結論，他說：「你長得和以前差不多，只是當外星人時的個頭比較小。」

大家一聽都笑出來了，實在是太有意思了！

既然外星人都找上門來了，自然得要問問他是打哪兒來的，一般的長相又是如何？

於是我問：「你們是哪個星球來的？」當時我內心想，應該就是常見的天狼星、昴宿星等等吧，沒想到外星人回覆：「我們來自很遙遠的星系，在你們的星圖之外。」

哇，這樣的回答，我問不下去了。在地球人的星圖之外，也當然無法為此種星球命名了。當時覺得很遺憾，於是改問：「大家的長相呢？」

「我們是能量態，全都一個樣子。」

我又問：「那怎麼說我長得和以前差不多，只是當時個頭比較小？」

外星人的回覆很難懂：「呈現高能量態時全都一樣，但在調成較低頻率時就顯出差異。我們之間平時也是以較低頻率的存在互動，但此頻率仍然比地球頻率高。」

外星人說，他們一直都在地球上，試圖協助人類提升意識、提升頻率，並將「愛與和平」傳遞給所有地球人。

此時又說：「你在寫作時，我們也從旁提供協助。」

我聽了之後非常感動，終於想通了，這也正是我三十年來的直覺，不論寫幽浮書、超心理學書、生死學書，都有相同的感覺啊！

於是我向光中心幾位朋友說：「正是如此呀！我寫書的速度非常快，像是《大世紀：佛經宇宙人紀事》這一本，將佛經《阿含經世紀經》影印回家後，沒有馬上閱讀，第一次只翻二頁，隔了一週又翻了三頁，在之後三、四個月當中，也只是翻閱不到一半，只畫些重點，在腦中思考架構而已，根本沒有詳細閱讀全本經文，只是在思索文字如何詮釋，直到四個月後的某一天，『感

覺』應該坐下來開始寫了，便將《世紀經》影本及稿紙攤開，然後自然地書寫出以科學詮釋的句子，下筆有如神助。」

我又說：「我知道那是我的 Wholeself 在傳達訊息，姑且稱為全我、自性、空性吧。」

用這個角度才能解釋我的著作相當多產，卻又能持續提出有別於地球人視野的創新思維。例如，以外星文明和宇宙生命的多次元觀點，來詮釋《聖經》和多部佛經中諸多超乎常理的部分。

我又說：「曾經有法師看了我寫的書之後，才對佛經中的某些描述恍然大悟。」對於用不同的方式詮釋經典還能得到佛教界人士的認同，感到很欣慰，因為還算有人看得懂我要表達的宇宙意識。

外星人解秘

在我與外星高靈結束溝通訊息後，張主編也就老實不客氣地開始發問：「傳說地球裡面有住人，這是真的嗎？」地心有住人這件事已經傳很久了，她真的很想知道答案。

外星人回答：「地底下確實有住人，是外星來的，他們從地球剛生成的時候就已經住在裡面了。」

張主編再問：「沒有要出來的意思嗎？」

「沒有，人家住得好好的幹嘛要出來？」外星人很直率地回覆：「地球上有許多地震和海嘯，都是因為有地底人的協助，災情才得以減緩。」外星人沒有提到颱風，顯然離開地面的事情，地底人比較難以插手。

張主編接著問：「月球人造說是真的嗎？因為網路上流傳著月球中空的說法。」

外星人似乎懷著笑意回答：「妳以為地球人有能力造出月球嗎？」

張主編趕快解釋：「我的意思是，月球是不是自然生成的？」

外星人答：「是，月球是自然生成的。」

張主編又問：「可不可以請你告訴我們，麥田圈圖案的意義？挑幾個重要的來講就好。」

外星人看了看麥田圈，做出一個令人噴飯的回答：「那些不是我們畫的。是別的星球的外星人畫的，我們不方便解釋別人的作品。」所以這個問題只得不了了之。

張主編又問外星人：「關於 2012 年的預言眾說紛云，這些世界末日說真的會發生嗎？如果會，我們需要做哪些具體的準備來因應這些災難？」

外星人說：「災難會不會發生，端視地球人類的意識是否能夠提升，我們也說不準。」接著又表示：「災難有時只是一種象徵，非得有災難發生，人類才能懂得一些事情，意識才能因此提升。」

此時 A 小姐問外星人：「能否對在場人士的生命藍圖或是此生的使命進行個別解讀。」

外星人說：「我們沒有個人的觀念，我們是一體的，不分彼此，所以外表長得一模一樣。」他覺得地球人的觀念很奇怪，「我們認為，注意彼此之間共同的部分比較重要，而不是將焦點擺在別人與自己不同的地方，如此我們才能合為一體。」

才說完，A 忽然以自己的身分脫口說出：「哇！我覺得這句話好有深度，這果然不是我的智慧能說出來的話。」

異星鄉愁

對話告一段落，外星人表示該走了，於是說了聲掰掰，A則戲稱自己是「退駕」。當時在座的人都覺得收穫頗豐，並且十分感謝A願意擔任溝通橋樑，協助地球人與外星人進行雙邊交流。

這是一次相當奇妙的經驗，讀到這篇文章的人，無論你們相不相信，我都覺得當時「外星人真的就在我身邊」！對我而言，說我是來自地球人星圖之外更為遙遠的星球，讓我相當惆悵，就好像一個不知家鄉在何處的遊子，不知怎麼回家，那種失落感非常沉重，

彼時是2008年，當天回到家裡，拿著自己於1986年出版的《星空鄉愁》，自己的序文寫著：「我越研究飛碟，越有一種惆悵感覺，那是來自內心深處的吶喊與渴望，如今一位離家許久的遊子，想回故鄉卻回不去，那是星空鄉愁，比地球上任何鄉愁都還無法消解，此種無奈，想必只有星空中的家人能體會。」

今天在重新整理這一篇時，看到這樣的句子，星空鄉愁又起，不禁嚎啕起來，淚流滿面。

4

一切來自你的心
——天上師父的大日星系訊息

2013 年中，我的新書《零癌症：呂應鐘教授的身心靈完全健康之道》舉辦發表會，來了一位年約 40 至 50 歲很斯文的人，在報名表上的姓名欄只簽一個英文名 Paul，然後坐在最後面，不發一言。

到了中午休息吃便當時，他走到我們的桌子，我請他坐下，於是開始聊了起來。原來他是金融創投業者，當天會來是因為我們的 DM 上面寫著「藥師不是佛」。他當時對著我說：「你與藥師佛有關。」

當場我很驚訝，也不知該如何問下去，這麼多年來，我體會上天的旨意，知道很多時候上天會用許多方法讓我明白，難道這一次上天又派一位使者來傳訊？因此我的心不禁肅然起來，便回問：「如何與藥師佛有關？」他說：「找個時間見面，再詳細跟你說說。」

由於他只簽名 Paul，所以在此稱他為 P 先生吧。約一年後，P 先生與兩位朋友主動來高雄找我，又帶來一些訊息，讓我對他產生好奇。他們說透過一種方法，稱為「時空會客室」，宇宙高靈會降臨此時空區來進行溝通，他們稱呼來對應的高靈為「來賓」。

他告訴我，此次來看我的「來賓」說：「呂 sir 正要記起向藥師佛所要求及承諾的願，此行程已受到最大的協助。」

我問：「我這一世並不知以前向藥師佛承諾了什麼願？」

「來賓」沒有回答，卻要我「先給身體充電，將未來會發生的阻礙（生病）清理好，所以要修藥師」。

接著又說：「本次所談之一切，他（指我）自己會有系統的組合，待他回復後便告知練身體。」

這個能夠理解，他們也教我「靈氣呼吸法」，以及引出宇宙計畫的手印。「靈氣呼吸法」一次要做 15 分鐘，大致是這樣的：

一、吸氣，發嗡音（吸入空氣 + 靈氣）。

二、上半身後彎，持續發嗡音（準備對焦）。

三、對焦，持續發嗡音（舉頭三尺有神明）。

四、閉氣，持續發嗡音（偵測靈氣比重）。

五、閉氣，上半身回正，發啊音（空氣靈氣分離）。

六、沉氣入丹田，收靈氣，發啊音。

七、吐氣，發哄音。

剛開始我都很認真練習，可是每次練呼吸法時，都無法達到 15 分鐘，只要練習幾次，喉嚨就會嗆住，無法繼續，後來只好放棄了。

我將宇宙時空界的「來賓」所傳的訊息一一記了下來，內容非常多，但也顛覆了很多當今天文與宗教方面的認知，我還是不敢全部寫出來，而且有些內容非常深奧，到現在仍然看不懂，只把可以發布的略做以下的描述。

大日星系九重天

首先最為重要的是傳達了「大日星系九重天」的訊息，這是我們前所未聽過的。不過大家應該都聽過「九重天」三個字，但是從來沒有人對此做解說，現就分享如下：（這是我當場畫下來的圖）

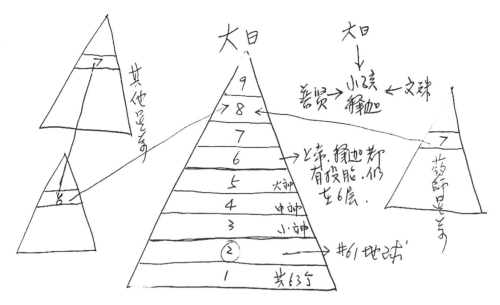

「大日星系九重天」訊息的紀錄。

大日星系共有 9 層，像地球一樣的有生命的星球有 63 個，地球的進化程度排名 61，居於下面第 2 層，表示非常落後非常低等。

地球已經因為落後而準備給拋棄了。所以，近年會有氣候極端化、全球政局、經濟、金融、社會等等各種動盪，中亞一帶戰爭沒有停歇，都已經在警示地球人。

大日星系拋棄地球之後，地球就會成為一個黯淡無光，乏人問津之境。

這就是未來幾年內最大的地球主題：「回歸！」靈性能夠揚升的地球人方能回歸。這是大日星系中的回歸，稱為「大日行」。

第3至5層是地球人所知的小神到大神的時空，所以現在地球上號稱能與神溝通、通靈的神界時空，事實上大多數是在3層，少數到4層而已。

以縣市政府機關來比喻，第3層是縣市機關裡頭的科員科長層次，第4層是處長局長層次，第5層是縣市長層次。請問：大家到到縣市政府辦事，最容易遇到（溝通）的是不是科員科長而已？能一下就找第5層的縣長市長嗎？所以，地球上的通靈全是通低級靈而已。

第6層是宗教導師上帝、釋迦的時空，因為他們都有在地球投過胎，所以祂們的分靈仍在第6層。天堂是管理總部，位於這一層。

第7層以上是如來的時空。第8層是其他星系來到大日星系設立的大使館或代表處，最高的第9層如同人間的最高領導人。例如「觀音星系」派一位分靈（大使）來到大日星系，便居於第8層，日後祂就可以在大日系統內用「觀音」的名號執行任務，並可以派更多分靈到第5、4、3、2層執行不同等級的任務，所以我們會在地球上看到很多觀音名號的寺廟。

通靈人確實有時候會連上觀音，但重點在於：不是直接連結上第6層的觀音主神本尊，以訊息所言，通靈人連上的大多是第3層的小代表而已。

釋迦牟尼佛的說法

有一天釋佛這位來賓來訪，談到各個星球的狀況，也說祂二千多年前來到第61個星球，身分是「回歸教主」，後來發展成佛教。

現在祂的主力放在 56 星球，一個比地球進化的星球。目前在 56 星球的身分是「大使」。

其中的區別在於，在高級星球上前往住世的神都很高級。至於大日星系排名第一的星球，祂只去作客一天而已。

祂說：「佛經說到的不可思議世界，其實只是大日星系內的某些星球現象，目的是鼓勵大家前往更高層次的時空。不過當時沒說到前往高級星球必須先整頓自身之後才能去，也不是唸唸佛號就可以直接去。」

我問：「可是現在的宗教，都告訴信徒唸一聲阿彌陀佛就可以直接往生極樂世界。」

釋佛回答：「這是後世宗教的誤解。而化解執著的最好辦法，即是了解宇宙結構真相。」但是地球人能探索的宇宙也僅限於大日系統而已。

祂又表示，當年來地球只教一件事，就是教大家如何與自己的「自性」連結，連結的目的就是「回歸」宇宙。「自性」又叫「天魂」，也有很多不同的稱呼，如本我、自我、元神、元靈、大我、高維的我等等。

我問：「神佛界不是講究平等嗎？為何大日星系還分九級？這個如果很重要，為何人間宗教大師、靈修大師從來不說？或他們根本不知？」

訊息說：「若無大日分級，便無法說明什麼是『幻』，什麼是『真』了。人間不說這個，因為大師連結的可能只在第四層次，還在『幻境』之內，所以無法知悉真相。或他們知道了卻不說穿，否則他們大師的地位便要幻滅，而利用來吸引眾生盲目崇拜的架構便會瞬間瓦解。」

這樣的回答，讓我立時清楚明白了。世間任何大師連接的大多只在第三或第四層次而已，難怪我這位與藥師佛時空有關而來到地球的人，一輩子從來不會崇拜任何任何宗教的法師或大師。

　　訊息又說：「第五層次的特色：可真可假，平時在第五、四、三層執行任務，也隨時能開門進入第六、七層，聽取『真相』。用地球典獄長來比喻第第五層，他可自由出入監獄，監獄如同一到四層，但他可到第六層次去領命令。因此，第五層次對執行上層旨意是百分之百遵從，因為第五層次知道第六、七層次的真。」

　　這裡談到「真、幻」，我立時想到《金剛經》的「一切有為法，如夢幻泡影，如露亦如電，應作如是觀」，已經歷二千五百多年，多少佛經內容不是早就在講人世間的一切是「幻」嗎？《心經》不是也早就明白告訴大家：「五蘊皆空」、「諸法空相」、「無色、無受想行識、無眼耳鼻舌身意、無色身香味觸法、無眼界、乃至無意識界、無無明、亦無無明盡、乃至無老死、亦無無老死盡、無苦集滅道、無智、亦無得」。統統是「無」！唉，我感嘆萬千！

　　訊息又指示：「幻，為一切可描述者，不是否定目前所見一切，而是為了適應未來（靈魂出竅回歸時）不可見、不可測、不可說、不可描述之一切。」原來「幻」是指五層次以下的時空，地球在第二層次，所以也在幻界中，但不是否定所看見的一切，人間一切在人來看就是真，沒有錯。而「真」是指第六層次以上的宇宙時空真相。

　　「破幻求真」是要地球人了解我們現在存在的地球時空不是靈魂的目的，不要習於人間的「貪嗔癡慢疑」五毒，現在又加上「錢」毒，現代人都受這六毒所制裁，深怕失去，便心生恐懼，就會受他人控制，形成執著，最後成病。

　　「破幻求真」只是在講地球人要了解這個宇宙靈性真相，不要死命追求人間的虛幻，大家的靈魂要的是在曲終人散之後，知道回歸第六層次以上的真宇宙。

　　這些訊息把人生的目的說得很簡單、很清楚，令我感動。想到現在很多

人都在「靈修」，但似乎大家都不懂靈修的真意，於是我就問：「靈修的目的是什麼？」

下面是我當時很快記錄下來的內容，和社會上大家一般的認知完全不同。

訊息說：「靈修的目的是在提升靈魂的純潔度，才能去除各種障礙，得以回歸宇宙。靈魂的純潔度越高，連結度就越高，與宇宙通訊的能力也會越強。行善的真意是進行與宇宙聯結，平等心不是平頭式的，而是大家都知道彼此都是來地球演戲而已。」

訊息又說：「事實上《法華經》裡面有談及大日結構，但不是用大日而是諸法之所歸趣。」

為了這一句話，我查《法華經》，在〈藥草喻品〉第五有「如來是諸法之王，若有所說，皆不虛也」、「如來觀知一切諸法之所歸趣，亦知一切眾生深心所行，通達無礙。又於諸法究盡明瞭，示諸眾生一切智慧。」「趣」也是「處」，用台語唸是同音，表示一個地方或是宇宙時空區。

靈修の目的：
純潔度：去除各障得以回歸．純潔度高：通訊度強．
連結度
小我大我　　　　　　　蓮華之大師　4層次提昇
行善─行聯結　　　　　現也是層次之作

平等心非平頭式，而是大家都來此演戲而已

「靈修」訊息的記錄。

大日如來在最高的第九層次，當然知曉二層次地球的一切諸法最後所歸的時空。所以，訊息說：「成佛是一種手段、方向、指引，即是要破所有幻，當幻滅時，人之心識即指向成佛方向，佛是終極意識，也是最初意識。」

我問及「神與魔」的區別。

訊息說：「神、佛、上帝、魔都是較高層次的生命體，他們全是朋友同事，只是扮演的角色不同，如同學校裡的教官與老師，教官演黑臉，就是魔，老師演白臉，就是神，如此而已。」

此時我想到以前研究《聖經》時，便知曉撒旦跟耶和華上帝是唱雙簧的，他們是同一層次的朋友，訊息中用學校老師與教官來比喻，上帝是老師扮白臉，撒旦是教官扮黑臉，真相就是如此。

古猶太教《塔納赫經》說撒旦是一位考驗人類信仰的天使，祂在上帝的授意下，給人間帶來災難和誘惑。引導地獄的惡魔們蠱惑人類犯罪，並且將那些犯罪的人帶入地獄。撒旦不僅要負責誘惑信仰不堅定的人類，還會在世界末日的時候，向上帝告發人類的罪行。

訊息說：「《舊約》早說了上帝和撒旦合作，測試子民的信度：是否有好處才信，沒好處就遠離上帝。」因此撒旦被當做魔鬼，是一個普遍的錯誤觀念，這與基督教會刻意的誤導有關。

不過天上師父的訊息又告訴我一個非常驚悚的真相。現在是末世時期，宗教都是「山寨版」了，原本星系內正官的真神早已不下來地球了，現在充斥的都是非星系內的「山寨魔」，還有很多更為低等無法回歸宇宙的妖，全是來誤導人間的。

聽到這樣的訊息，我非常吃驚，不知怎麼辦？如果現在的宗教全是山寨版，這太嚇人了吧！不過，這也與自己多年來的心得相符。我早就認知當今宗

教騙局,凡人必須非常小心,不然就完全不要去相信宗教,以免被誤導而回不了宇宙。

我又問常見釋迦佛像的左右側是普賢菩薩與文殊菩薩,有什麼意思?

訊息告知,釋迦是大日如來的孩子,要祂來人間時,請普賢菩薩與文殊菩薩當左右護法來輔佐,一個是文,一個是武,等於現在很多大企業家的第二代要接棒前,通常會有老臣來輔佐少主一樣。

原來如此,普賢菩薩與文殊菩薩二位原來是輔佐釋迦的「老臣」,並不是排名第二、第三的佛。不知佛教界法師知道否?

此時訊息又加了一句:「普賢太過嚴格。」

哈哈,有意思。

藥師佛的真實身分

這幾年來,我記錄的訊息非常多,但也無法立即消化了解,不過我最想知道的是,P先生說過「我與藥師佛的關係」。

綜合幾次的訊息,得到的是:「藥師不是佛,藥師是來自大日星系以外的另一個星系,進入大日星系後才被尊稱為藥師佛,與阿彌陀佛類似。」

為什麼藥師不是佛?這個訊息讓我非常驚訝。我想到2008年在光中心,外星高靈說我來自地球星圖以外的星系,這個星系是否就是現在P先生透漏的藥師星系?

我於是進一步詢問:「藥師佛是在哪個宇宙時空?」得到的答案令我一則很高興,二則也悵然,高興的是「藥師星系是大日星系之外的極大星系」,

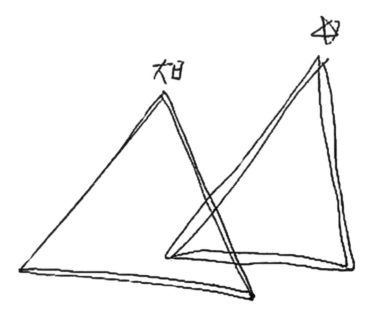

大日星系與其他兩個星系宇宙時空位置示意圖。

地球所在的時空屬於大日星系時空,而藥師星系是大日星系之外比較近的另一個大星系。還有一個是阿彌陀佛星系。

　　我突然想到,這不正是佛教說的「東方琉璃世界藥師王佛」與「西方極樂世界阿彌陀佛」,意思不就是指在大日星系附近的其他兩個星系。果然正是如此,而且這三個大星系有小部分重疊,如上圖所示,所以有些人往生了,頻率對應了,就可以移居過去。

　　訊息又說:「大日星系大小有三百光年,藥師星系距離大日星系只有七、八十光年。」

　　這就讓我很高興了,竟然用現代的光年術語來說明,可見天上的神佛也是在進步的。

　　訊息告訴我:「你,不是從藥師星系來的,而是某外星系,透過藥師星

系的科技和運輸而進入大日星系，所以才和藥師星系息息相關。當時你進入大日星系，也發願要介紹宇宙秘密，尤其是介紹藥師星系給人類知悉。」

終於知道我是如何來地球的，就與 2008 年在光中心來的外星智慧靈所說的說法相同，相隔五年，不禁讓我盈眶。

接著最讓我腦洞大開的是這樣的話：「藥師佛是宇宙高科技供應商。」更應該說是「藥師高科技集團」，而且不只是醫藥科技而已，而是有非常多的高科技產品。

難怪，整部《藥師經》並沒有任何藥方的描述，就是因為祂們是高科技集團，不是藥師集團啊。

訊息也說我「是透過藥師星系的科技和運輸進入大日系統」的，聽到這裡，我感到非常親切，因為我大學讀核工、當時讀過量子物理、相對論，後來又研習天文，走的路線一向都是前瞻創新的，原來有這層先天因緣。

訊息說：「藥師星系平均較大日早發展七至十億年，所以協助大日星系是宇宙規律，也是願力。藥師科技較先試用在東方七層次，文殊、觀音、玄女皆有試用，再分享成果給精靈王去改良。」這個我就聽不懂了。

我今世的任務

接著訊息又說：「如果你有興趣，應協助紀錄下載外星資料。」

「下載外星資料？」如果說這是我來到地球的任務，我一定努力去做。

因為有一次談論到我寫的書，P 先生及朋友問「來賓」：「是否呂 sir 都是透過 X 站取得 X 訊息？」

得到的回答是：「外星靈投胎，訊息取得機制是：其中有 30% 由 X 站不定時供應，另外有 70% 需由呂向 X 站取得，但目前呂只運用 40%，另外的 30% 訊息尚未申請取得。」這說明了我寫書的訊息來源，有 40% 是宇宙文明高等智慧主動提供的，這又與五年前得到的訊息一樣。

這兩位相隔五年，一位在台北，一位在台中，相互不認識的人，都道出相同的話，又給我很深的感觸。

2008 年那次的接觸，外星人說：「我們一直都在地球上，試圖協助人類提升意識，並將愛與和平傳遞到人們心中。呂先生在寫作時我們也是從旁提供協助。」

五年後，在此又顯現出相同說法：我寫書不是自己的心得，而是有宇宙文明高靈在指導，我在寫作時他們也從旁提供協助。難怪我這幾十年來，都能提出創新的心得，跨越不同學術領域，只是這不是我自己研究的，而是宇宙文明高靈透過我寫出來的。

這讓我理解，我的在世任務之一是「立言」。想到司馬遷的「究天人之際，通古今之變，成一家之言」，似乎正是如此。

我要寫三類書

我仔細紀錄下來非常多的星際文明訊息，其中有很多是現在無法公開的，不過回想這多年來，很多世界局面的變化，還有包括一些宗教真相的訊息等等，我都早已知曉來龍去脈以及未來如何變化，卻不能講，只能遺憾地說「天機不可洩」，實在無奈，因為一切都是宇宙的安排。

這人 望向家的另一端太久了……

1、應先靜心連結（藥師）╌╌╌ ✖ ╌ ＿＿家

2、肉體有終時，把握最後燭火照亮回歸路。

3、見月便知日，一切定數即明。

事業漣漪不大，是阻礙小，恭禧他。慢慢收掉好回家，僅留一項穩定的主業（寫書），將最後光陰投向在助己助他人回歸之事上，則事事時時皆安。

一份記錄，回歸藥師佛理念。

　　我既然與藥師佛有關，就問到《藥師琉璃光如來本願功德經》裡面的「十二大願」是怎麼回事。

　　訊息回覆：「不妨當做社會福利比較貼切。」也是，因為《藥師經》裡面並沒有藥方啊！

　　上圖上方那個人是我，但訊息說：「這人（我）望向家的另一端太久了。」家在右方，可是我卻望向左方，與家相反了，這讓我心裡相當難過。

　　接著又說：「應靜心連結藥師，肉體生命有終時，把握最後燭火照亮回歸路。」在這份訊息中，提到我「事業漣漪不大，阻礙小」，「慢慢收掉好回家，僅留一項穩定的主業（寫書），將最後光陰投在助己助他人回歸之事上，則事業時時皆安。」

　　另一次訊息交代：「要宣說藥師理念，要寫作三類書籍：宇宙科技、身心靈健康、某系列導讀」。

　　我問道：「如何宣說藥師理念？《藥師經》就那麼一部，又只是社會福利，如果大家念一念『南無消災延壽藥師佛』就可以消災了，那醫院都可以不要開，藥店也可以關門了。似乎其意義不是這樣。」

　　回覆給我的訊息說：「不是宣說《藥師經》，而是宣說藥師『理念』，也就是宇宙高科技理念。所以要寫的第一類書就是與宇宙科技相關。」

　　此時我明白了，從 1975 年我出版《不明飛行物》起，以後每年都有新書出版，這些不正是宇宙科技書籍！這 40 多年來，所寫的應該全是創新思想的書籍。出版飛碟書時，當時的台灣人有幾個相信有外星人？不過，當時我也很有勇氣的說：「時間會證明我是對的！」到了二十一世紀來看，已經沒有什麼人再懷疑幽浮外星人了。

　　之後數年又陸續出版《上帝駕駛飛碟》、《飛碟探索》、《外星人啟示錄》、《外星人與飛碟動力研究》、《古典‧科技‧外星人》、《神秘的月球計畫》、《別問了，外星人早就來過地球》、《UFO 五千年》等 25 部飛碟相關書籍，以及《失去的文明》、《大奧秘》等 5 部探討地球遠古文明的書籍，都是在宏揚古代外星人來地球所為的書。

　　如今回想起來，我會自動地從 1975 年迄今，出版如此多部與星際文明有關的書籍，可以說是台灣出版界的創舉，現在才知道這都是我的母星系提供給我的訊息。感謝母星的指導，不禁淚下！

　　第二種是「身心靈健康」類，這正是 2000 年罹患鼻腔淋巴癌之後，深入研究自然醫學、整合醫學、能量醫學、量子醫學迄今的成果，同時也協助很多病人消除疾病，原來都是藥師科技母星給我的使命。一位朋友說這是「上天給

我的偉大禮物」，一時間我明白了。老天爺讓我親身體驗癌症的治療，然後研究正確的方法克服疾病，又能協助大家健康！

有一次我請P先生代問：「下載外星密碼，指的是什麼？」

訊息回說：「指的是講他癌症治癒的真相。他先要自己了解後再公諸於世（寫書、演講、期刊發表等等）。目的一、化解之前誤導他人的因果。二、為回歸前多做準備。」

回想從 2008 年 8 月開始治療癌症之後，次年起就陸續出版《我的腫瘤不見了》、《我的腫瘤依然不見了》、《六根療法陪我抗腫瘤》、《戰勝癌症》等書。但以上各書重點都是只談身體、營養醫學、細胞分子矯正醫學的「生物面健康法」而已。回想自己最重要的是，在醫院告知的三天內就能夠「全然轉念，全然不懼」，把癌症置之度外，不再害怕，建立了「心理健康」的重要因素，這才是治癒的因果。

所以高靈訊息要我「化解之前誤導他人是因果」，是要告訴大家，想要健康不是只把肉體弄好就可以了，必須進入「心靈層次」，於是我又出版《癌症是一份偉大的禮物》，告訴大家不要將癌症當做絕症，要當做上天給的偉大禮物。如果天天擔心害怕，是治療不好的。

後來又出版《零癌症》、《零疾病》、《全健康─超完美靈心身合醫》。從此我演講的重點就放在「心靈健康」的層面。這才是克服任何疾病的本源。

當時為了《全健康》這本書的書名，我也問過宇宙高靈，回覆的是：「書名《星際無邊》，副標題《一切來自你的心》，然後，把身心靈連結起來，加一個篇幅在書裡，這才是主體。身體等只是配合創作，創作就是『連結下載工具，在人間顯化，身體健康也是』。」

到此很清楚了，四十多年來，我涉及的領域，在很多人看來不可理解，

怎麼會跨越這麼多，但是我自己一直感覺「一以貫之」，原來是要從四十七年前的「宇宙科技」幽浮外星人，到 2000 年的「身心靈健康」，都是藥師佛科技傳給我的任務。

我感觸良多，也感動淚下。確實，「星際無邊，一切來自你的心」，請朋友體會！

「天上的師父」在這幾年中透露了極多訊息，還有耶穌、蓋亞、大天使……等等的真相與教誨，非常非常精彩，但有很多內容目前尚不宜公開，因為與地球人已知的完全不同。

至於訊息要我寫第三類「某系列導讀」，說實在，自己很多年來都不懂，一直到 2015 年得到老子的「存有」從宇宙中給我的訊息後，才恍然大悟，這個故事就寫在第六篇。

5

人鬼神溝通的符文

　　民國 75 年夏天，日本宇宙考古研究會會長高阪勝己先生，邀請我到日本和幽浮研究界做一次為期五天的交流。就在我步出東京機場時，看到高阪會長及一位陌生年輕人來接我，由介紹得知他的名字是秋山真人，在當時的日本已是小有名氣的超能人。

　　當時我就對他的名字感到興趣，秋山是姓，沒什麼奇怪，倒是他用「真人」為名，就值得推敲了，我默默的在想這些。

　　沒想到在接下來的交換物品時，秋山真人送我一本複印的《鴻濛字典》。高阪會長告訴我，這本《鴻濛字典》很珍貴，是 1890 年日本的宮地水位先生在「靈的感應」下所寫的，由日本神仙道本部於去年出版。

　　我一看該書封面印著《太古字及幽界字》，就感到好奇。

《鴻濛字典》一書封面。

由於自己研究幽浮外星人多年，深深了解地球史前時代確實存在高等文明的事蹟，看到「太古字」三個字並不令人感到稀奇，但是「太古字」和「幽界字」會連在一起，就讓我對這位秋山真人會送我這本書感到好奇了。

用餐時，我與高阪會長討論這數天的行程，沒想到秋山真人開口說：「昨天晚上我在做靈界溝通時，就有訊息告訴我，今天會有台灣來的客人，於是詢問高阪，果然有此事，便一起來機場接你。」

不說還好，一說令我驚訝，自從民國64年研究外星人議題以來，從來也沒有想過會有這樣的星際訊息。

所以當時聽了此話，相當震驚。我到日本的事情只有家人知道，卻在日本有一位超能人說他前一天就得到宇宙星際文明傳給他如此訊息。我馬上問他：「訊息從何處來？」

他回答：「生命，異次元時空。」

這表示我的一舉一動都有宇宙高等生命在觀察嗎？真是意想不到，怎麼會這樣？不知道觀察我的是什麼外星人或什麼神佛，或是什麼樣的宇宙生命？總之，應是我們都不知道的吧。當時，我的思緒很複雜。

於是默默翻閱《鴻濛字典》，立即被書中文字的神奇性吸引住，當時看到某些字的結構和我們常見的符籙有相似之處，就把此種感覺說給他們二人聽。他們表示，希望我回台灣後能加以研究。

這本《鴻濛字典》後記中寫到：「是集龍鳳文字及神代古文字的……」因此，我認為要研究符籙的真相，便應該從這個源頭下手才對，不能就符籙本身的圖像來研究。何況後記中又說：「地上文字文明可以溯源五千年，但提及神代古文字，本書可謂是第一本，如非水位先生，絕無法出此靈典。」

可見，這些文字必是比已知文字還要早的文字，它可以溝通陰陽兩界，

也就是說，太古時代人類會使用此種文字和幽冥界相溝通。而在今天透過一位日本超能人交給我，相信一定有很深層的宇宙意義，我萬不可令這本《鴻濛字典》長期擺在書櫃之中。於是，我抬起頭來，內心向宇宙文明生命體感謝。

太古幽界字就是符籙前身

回到台灣後，「太古字、幽界字、符籙」三者的關連性一直在我腦中思考著，便開始進行研究。先是到台北重慶南路各家書店購買與符籙有關的書，我要探討的是「符籙的起源」，於是也翻查《辭海》，知道符籙是道家祕文，在《抱撲子登涉篇》中記有「老君入山等符」的故事。

《隋書經籍志》說：「魏太武帝親受符籙，自是每帝即位，必受符籙以為故事。」這個條文描述皇帝在登位時「親自接受符籙」的事，然而沒有記錄是誰頒給他們的。

《隋書經籍志》中有：「道經受道之法，初受五千文籙，次受三洞籙，籙皆素書，記諸天曹官屬佐吏之名。」這是說，道家最初只接受五千種文籙，其次接受三洞籙，都是「素書」，其中「記載各天曹官屬佐吏的姓名」。

由此可知，道家最原始的符籙來自「上天」所受。但是，為何「上天」要授給地上皇帝各個天曹官屬佐吏的姓名？這「上天」兩字用現代話說，不正是「星際文明訊息」嗎？

我開始詳細閱讀《鴻濛字典》，就其架構，說它是一本「書帖」還比較合適，內文共分為三部分，第一部分是日文50音的太古字及幽界字形，其中五個字母如圖：

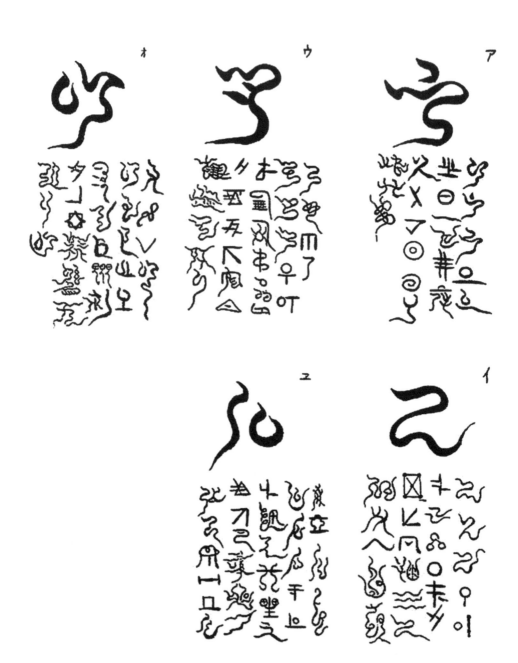

日文 50 音前五字的太古字及幽界字形。

　　光是一個現代日文母音，就有 20 字左右的太古字形，相當令人不解。但
當我們細看這些太古字的造形後，就可以看出有些造形符號和民間符籙所用的
筆法是相同的，可見，其中必有尚未為人所知的宇宙奧秘。

　　第二部分是千字文的太古字造形，第三部分是另外字體較大的幽界字共
144 字。

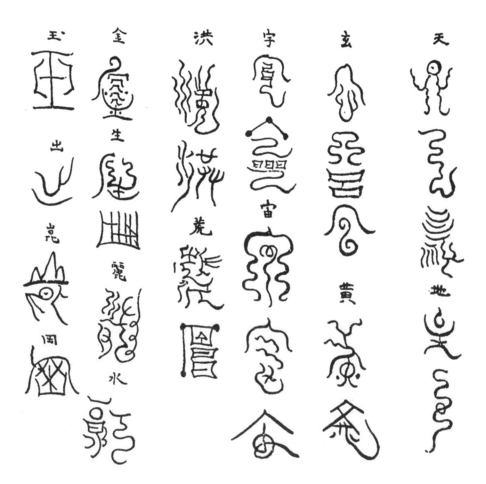

《千字文》太古字。

現就讓我們來看看一些代表性的《千字文》太古字:「天地玄黃、宇宙洪荒、金生麗水、玉出崑岡。」

《淮南子天文訓》注「上下四方謂之宇,往古來今謂之宙」。即知上下四方的「空間」就是「宇」,往古來今的「時間」就是「宙」,「宇宙」兩字用現代話講就是「空間時間」。

圖片中間第三行太古字的「宇宙」兩字的造形竟然與符籙的結構相同,這又代表什麼含意?是不是可以說,太古幽界字就是能溝通宇宙文明的文字?是否也可以斷言太古幽界字應該就是符籙的前身!

有了這樣的認知,我們便能很方便的來研究符籙,也能輕易的理解「另一個宇宙時空」。以現代科學術語來說,「靈界就是存在於宇宙中的異次元時空」而已,地球人生存在的這個時空,也只是宇宙多重時空中的一重而已。

更何況,現在頂尖科學家們已經公認宇宙不只一個,而是有「多重宇宙」與「平行宇宙」,所以我們可以確定「人界」只是很多時空之一而已,「神佛界」是另一種時空,「鬼界」又是另外一種時空,外星人或許也在地球時空或另個時空。

所以我們可以得到結論:在比伏羲八卦更早之前,地球人與神佛靈鬼界(宇宙不同的文明)是可以直接溝通的,當時用的就是太古幽界字,其發生的年代約在六、七千年以前,或更早。

神人相通的黃金時代

神靈界使用的文字被稱為「神代文字」,是地球太古時代之前早就存在

於宇宙時空當中的神靈界在使用的文字，後來傳到地球太古時代，成為太古時代的文字。

這些文字在當時仍可進行應用於兩界之間的溝通，後來被地球人使用，並隨著時代而改進複雜化，變成地球自己的早期文字，也許就是在後天八卦之後，再延伸出象形文字。

因此，我們便可了解太古幽界字的確存在過，這些文字本來就是太古時代神人互相溝通的文字語言，而且是當時全球上古人都在使用的文字語言。

但是，曾經發生什麼大事，使得日後的地球人無法再和宇宙的神佛靈鬼界溝通了？我們可以從《聖經》中看到變化的端倪：

耶和華降臨，要看看世人所建造的城和塔。

耶和華說：「看哪，他們成為一樣的人民，都是一樣的言語，如今既作起這事來，以後他們所要作的事就沒有不成就的了。我們下去，在那裡變亂他們的口音，使他們的言語彼此不通。」

於是耶和華使他們從那裡分散在全地上；他們就停工，不造那城了。

因為耶和華在那裡變亂天下人的言語，使眾人分散在全地上，所以那城名叫巴別。

這就是有名的巴別塔事件。在此之前，人類只有一種語言，可以與上帝溝通，而且人類科技發展得很快，已經會造火箭了，在當時被稱為「塔」。不過上帝看到地球人的科技成就發展太快，不久就能飛行宇宙，為了不想讓地球人繼續快速發展下去，於是下來變亂人類口音，使人類語言彼此不通，變成人類各族獨立發展語言文字，從此科技停頓，神人往來的黃金時代結束了。

尚書中的「絕地天通」

這讓我想起以前讀二十五史時，對於上古文字的變化似乎有提過，於是重新翻閱，在《漢書藝文志第十》找到「昔仲尼沒，而微言絕」。

「微言」二字一般學者解釋為「精微要妙之言」，但我不認為，應該還有更深層之意。是不是指人神互通時期那個黃金時代的語言？也就是上帝搞亂人類口音之前的語言？

我又在《尚書·周書·呂刑》篇找到：「蚩尤惟始作亂⋯⋯黃帝⋯乃命重黎，絕地天通。」這是指黃帝統治時代，民神雜糅，神可以自由的上天下地，而人也可以通過天梯往來於天地之間。

在《尚書·呂刑》、《國語·楚語下》及《山海經》都有相同的記載。當時蚩尤帶領眾神和山精水怪與黃帝作對，天下大亂，殃及地上生民，使得人間強者凌弱，眾者暴寡，酷刑氾濫，殺戮不止。後來，黃帝戰勝蚩尤，便命令繼承者顓頊對天地間的秩序進行一次大整頓。

於是黃帝命「重（黃帝的孫子）」兩手托天，奮力上舉；令「黎（另一位孫子）」兩手按地，盡力往下壓。於是，天地間的距離越來越大，通道都被隔斷。

「絕地天通」本意就是斷絕地與天之間的通道。在此之後，從此天地各得其所，人神兩界無法相通，至到今天⋯⋯

由西方的《聖經》與東方的古籍，都有遠古時期天地相通、神人共處的記載，難道只是巧合？或者，這就是遠古的事實？

如果東西方古典的記載是真實的，符籙做為遠古溝通神人兩界的文字，就自然合理了。

符籙是陰陽兩界溝通文書

符咒界人士通常認為符咒起源於黃帝，在《龍魚河圖》中有說：「天遣玄女，下授黃帝兵信神符，以制伏蚩尤……夢西王母遣人之符授之……有玄龜銜符從水中出，置之壇中，蓋自是始傳符籙。」可見這是符籙真正的起源。但也表示，符籙是上天「下授」給黃帝的。

《周禮》書中也說：「大祝掌六祝之辭，以事鬼神……」就是用「祝」來溝通天地間，就是後來的「祝由科」，也是古代與靈界溝通的內涵和儀式。可見在太古時代，能溝通天地神鬼是一件極普通的事，後因時代變遷，越來越多人無法和上天溝通，但仍然有少數仍會溝通的人，這些人自然就掌握了知識權力，於是理所當然成為統治者。

我們在現今少數民族中，仍可看到巫師具有無上的權力，應該就是如此。

商朝君王盤庚就是一位大巫師，他掌握了所有國家大典的祭祀活動，自然而然就成為統治者。

事實上，中國早期的符籙形式極為接近太古幽界字，沒有漢字的形象。我們目前所看到的符籙是經累代傳下，變成文字化，和早期的符式並不相同。也由此證明了符籙是從遠古時代就一直流傳下來的，後漢時代的張道陵（張天師）做了集大成的工作，後人便誤以為張道陵是符咒始祖。

像道教代表著作之一《抱樸子》中就繪有許多早期的符式，型式很工整，結構和太古幽界字類同。《抱樸子》也說這些符籙是太上老君所授，更可證明符籙是神鬼界的文字。如後頁圖左。

再看道教的「大洞司令玉符」和「大洞太一玉符」，也都是複雜線條，並沒有漢字的結構。如後頁圖中。

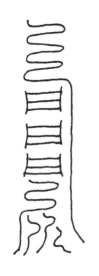

《抱撲子》中的符籙文字。　　道教的「大洞司令玉符」。　　近代的道家符籙。

　　這些符籙都沒有漢字字型，可見，原始符籙應該接近太古幽界字，後來因道士將符籙當作自己獨門秘訣，故意畫得複雜，以致越變越奇。如上圖右。

到底有沒有靈界？

　　《鴻濛字典》開宗明義就點明是「太古字和幽界字」，由前述的研究就可以知道符籙是遠古人神溝通之用。然而一般人還是會問：「如果符籙真是溝通陰陽兩界的符號，那麼就真的有靈界了嗎？」

　　現代科學理論無法說明靈界，科學儀器也測不出靈界存在的證據，所以不少人認為沒有靈界。

　　此種邏輯在科學上是錯誤的，因為科學理論研究的對象本來就是物質世

界而已，不是研究精神世界。做個比喻，經濟學與化學是兩種不同範疇的學問，怎麼可以拿化學理論來證明經濟學理論是對或錯！

在這個社會上我們也不能否認，有很多家庭或很多人都曾經歷過一些使人無法否認的靈異現象，事實就是事實，根本不需要他人用科學來證明。報章雜誌也報導過很多案件的偵破是靠托夢等靈異指引，許多媒體工作者、藝人、員警也親身經驗不少奇怪的靈異現象，所以要用「物質界」的狹隘科學理論來否認「精神界」的現象，根本就是錯誤的邏輯。

近年宇宙新發現已經告訴我們宇宙時空有很多重，地球人生存的人界只不過是其中一重而已，我們是以「長寬高」三度空間加上時間構成我們的宇宙認知。而其他的時空也會以不同的長寬高和時間構成它們的宇宙認知，不同層次的宇宙時空各有各的波動頻率，它們是「各自存在，互不干擾」。

符籙既然是太古幽界字，所以透過畫符及唸咒的方法，是可以將訊息從人界傳送到其他界，簡言之，就是透過符籙及咒語，便可以調整時空頻率進行溝通。

然而，自行依照符籙書的符式樣，拿張黃紙照樣畫一畫，那是不會有效果的，因為，在畫符之前要有聚集天地能量的儀式，然後將天地能量收入自己體內，再透過毛筆將能量附著在符紙上，這樣才會有效果。

相信真正會畫符的修道人也認同這一點。而且有些修行人與練氣功的人，都會有一些「轉換」腦波頻率而接觸到靈界的經驗，民間所說的「煞到」，也就是被它種能量頻率干擾到的結果，被煞到的人會莫名的身體不舒服，甚至生病，去給西醫透過儀器檢查卻沒有任何疾病，但透過廟宇住持等有溝通能力的人「收驚」後，身體不適就好了，此種例子比比皆是，無法否認，也無法用科學說明。

近年來，前台灣大學校長李嗣涔教授也出版《靈界的科學》等書，已經告訴大家，不容否認確實有這個靈界的存在。

如果真要想個名詞來稱呼，不妨將我們這個人界稱為「實境」，將靈界稱為「虛境」，也可以視為太極圖的一黑一白兩個空間。科學界也早就說過整個宇宙有「正宇宙」與「反宇宙」的存在。這樣不是很清楚了嗎？

太極圖。

誰能說實境與虛境不能互通？或許符籙就是改變兩境頻率的工具。近年已發展出 VR「虛擬實境」，未來是否也會發展出 RV「實擬虛境」？這就值得大家進一步思考了。

如果未來科技進步到「虛擬實境」與「實擬虛境」可以任意轉換，那麼溝通靈界不就是易如反掌了嗎？

查詢「符籙」的詞條，通常都會寫「符籙是道教中的一種法術……符籙術的思想基礎是鬼神信仰，稱其有召神劾鬼、鎮魔降妖之功效者。」可見道教符籙具有在人界施法而後影響陰界的作用，明白指出符籙就是有溝通與連接兩界的功能，因此，太古字就是幽界字就不用懷疑了。

我對「宇宙」兩字的太古字型特別有感覺，曾經仔細觀察也用心臨摹，感到有一股連接的力量，在心中油然升起敬畏，不禁雙手合十，閉上眼睛，眼眶發熱，淚水湧出。

6

道，可道——老子的高維傳訊

　　從未讀過《道德經》的我，竟然會在 2018 年 2 月出版《老子不為》（「為」讀音四聲）一書，這個事件必須從 2015 年春天說起。

　　就在當時，大約 3 月，每每在清晨朦朧之際，自然而然就有一些老子道德經的句子進入腦子，句句非常清楚，似乎有人往我腦子發進來，原本不以為意，因為我不是研究古代哲學史，也不是研究老子思想的人。

　　有時只好趕快起身，記錄下來。有時，我覺得蜂擁進入腦子的訊息是老子親自口述的，也不知道為何會如此？

　　這種感覺也讓我回想起，1997 年在南華大學執教時，就開始對老子思想相當感興趣，每次去大陸做學術交流，一定會去當地書城買些有關老子的書籍回來，連續數年均是如此。但自己不是學文學與哲學的人，而且很奇怪，一談到《道德經》，就自然對市面上通行流傳的《道德經》不感興趣，很多次告訴自己要靜下來，應該耐心讀一讀才對，於是拿起書來翻閱，可是總有一種莫名的排斥感，相當困惑。

　　直覺上，認為通行本《道德經》錯誤很多，不值得讀，但不能對外講，

因為我不是研究老子的學者。只是，何以去大陸就會買一些老子思想與考證的書，自己也說不上來。

事件是從 2015 年 3 月開始的，就是一些《道德經》句子透過宇宙虛空傳輸進我的腦子，原本難懂的古文句，一下變得好理解，很清楚地呈現出本意，也知道要如何詮釋，但這些都不是我個人辛苦研讀《道德經》之後的理解，而是自然產生的。我相信，這正是老子在宇宙高等時空中傳輸給我的訊息。

終於有一天，突然不自覺地老子形象又出現了，有一股意念出現在腦中，似乎傳輸著「替我重寫」的念頭。當時我想，我又不是哲學學者，如何能寫？

直到有一天清晨，曚昧中我忽然明白了，這個來自老子的訊息在告訴我，必須幫他還原當年寫作的思想。

訊息問我：「你有否想過，我與悉達多、孔丘，三人相差二十歲之內，吾等皆是同時代的人哪！」

我回答：「是的，我研究佛教史，思考過《論語》、《道德經》時，就想到依據史料，您老大約於西元前 571 年出生。而悉達多太子，也就是後來的釋迦牟尼，大約於西元前 560 年出生於今天的尼泊爾。孔丘大約於西元前 551 年出生於山東曲阜。算一算，您老年長悉達多 11 歲，悉達多年長孔丘 9 歲。可以說就是同時代的人。」

老子訊息又問：「那麼道學、佛學、儒學，三者從當時影響全球人類迄今，在地球上沒有其他學問能比，此為歷史巧合？亦或天意安排？」

我回答：「我絕對相信此種空前絕後的偉大思想，絕不只是您們三位的個人修為，也絕不只是您們三位的人生體悟而已。而且，您們都沒有師承，沒經過他人指導，卻能在東方留下千古不易的偉大思想！」

此時我很篤定地又說：「我認為您們三位的偉大思想，必然有大家所未

知的來處，我研究飛碟學及宇宙文明已有四十多年，堅決相信您們的智慧是來自宇宙高等生命智慧體的傳輸，這是宇宙留給地球人的曠世大禮！」是的，我敢說出這樣的話。

老子訊息說：「你知否，現今流傳之通行本《道德經》，非我原來之版本，篡改太多。你要幫我還原吾講之宇宙真理，此為你們當代大事！」

我不好意思地回應：「但我不是哲學學者，不是宗教學者，不是中文系學者，如何承擔？」

老子訊息衝入我的腦子：「切勿妄自菲薄，就是由於你非傳統哲學界、中文界與宗教界人士，才會找你，不會有固化的思維。必須透過你的宇宙生命科學理論與宇宙文明認知，才能還原吾當時文字的本意。吾觀察你很久了。」

我在腦中回應：「不行，我不能寫。」

當時，訊息就沒有了，但過了幾天又來了：「吾在宇宙高維世界觀察你很久了，理工出身，懂天文學，又學習過相對論、量子物理，不僅有自然科學理論基礎，又喜歡國學，能用文言寫文章，又研究宇宙生命學、心靈科學、生死學，學術領域跨越很多學門，旁人莫能及，何必惶恐。」

這些話如同前面幾篇所言，全部轟入我腦中。在 1982 年，日本就有通靈人告訴我，上天在觀察我，現在又是相同說法，我不禁淚下。

我真的經常被宇宙高靈觀察？但我不願意呀！也從來沒有想過要寫老子思想的書，因為我不是此領域的人，也根本沒有讀熟、讀遍《道德經》，怎麼能下筆？

「還是不行，不要找我。」我一直在反抗。數個月的時間都是在反抗。

有一天，訊息又來：「後世學者把我的文字當做高深的哲學思想在研究解釋，也是錯誤的。」

「這，全球都把《道德經》當做哲學名著在研究，不是嗎？」

「非也非也，吾早就寫過『吾言甚易知也，甚易行也』，寫文章是要人人看得懂，才有普世價值，若是只有少數哲學家能懂，就無價值了。」

「是的，是的，我明白了。」因此我只好答應了這項宇宙任務。

於是次年開始，我很認真地搜尋各種有關《道德經》的文章，讀遍它們。這個時候也看到網路上很多在質疑《道德經》正確性的文章，我很高興，已經有不少人提出這個問題，我也就不用擔心了。

例如有一篇《考古發現漢初版道德經，與今版比較：幾乎已被改得面目全非》說到：一、老子著書之初並無《道德經》的書名，司馬遷《史記》提到「老子著書上下篇」。二、章節劃分與今版不同。三、上篇是德，下篇是道，傳世版與之徹底相反。四、原版《道德經》約 300 多句話，被改動大約有 700 多處，造成不少句子牽強附會、難以理解或根本錯誤。」

類似前面這樣的兩岸文章上百則，因此給了我勇氣。

此時我也搜尋到清朝在編撰《四庫全書》時，也有這樣的句子：「此本（指收錄在《四庫全書》內的王弼注本）即從張氏（明萬曆中華亭張之象）《三經晉注》中錄出，亦『不免於脫訛』，……後有政和乙未晁說之跋，稱『文字多謬誤』……考陳振孫《書錄解題》尚稱不分道經、德經……安知其他『無妄加竄定』者乎？」

前段提到的「晁說之跋」，用白話來講是這樣質疑的：「王弼老子《道德經》二卷，真是得了老子之學嗎？嗚呼，學其難哉！王弼知道自己所注的『佳兵者，不祥之器，至於戰勝，以喪禮處之』並非老子的話。『乃不知常善救人，故無棄人；常善救物，故無棄物』也是古本所沒有的。……他的文字則多謬誤，近乎有不可讀的，令人惋惜呀！」

在《四庫全書》當時，就認定通行本《道德經》「脫訛、多謬誤、安知其他無妄加竄定者乎？」給了我更大的勇氣，我終於敢於突破了。

接著，我分別去台北重慶南路書店找關於《道德經》的書，也從網路上下載馬王堆漢墓帛書甲本乙本老子文字，以及郭店楚簡老子文字。

這非常重要，因為在 1973 年 12 月，湖南長沙馬王堆漢墓出土大批珍貴文物，其中最令人震撼的是帛書老子兩本，分別稱為甲本與乙本。抄寫年代約在戰國末期秦朝統一天下，以至漢初的二、三十年間，可證甲本迄今最少二千二百六十年，乙本迄今大約二千一百七十年。

而 1993 年 10 月，在湖北荊門郭店楚墓又出土竹簡老子，比馬王堆帛書本的年代又早了一百多年。經學者整理，約成書於戰國中期，迄今約有二千三百年，因此可證郭店楚簡老子為最早的版本。

於是我做了一個 A4 橫排的表，分成 6 格，分別將「郭店楚簡、漢墓帛書甲本、乙本、北大藏西漢竹簡、通行本《道德經》」一章一章代入比對。

還真的發現通行本的句子慘不忍睹，難怪，解讀《道德經》的老師都有不同的解釋，而且大家也都聽不懂。於是，我又花了七個月的時間，以最古老的楚簡版本為依歸，將各個版本做一句一句的比對，刮清理順之後，將老子傳輸的原文句子一一列在最後一格。在此種比對下，完全看出各個版本的文字差異了。

此時也發現大陸學者花了很大人力整理出來的帛書與楚簡文句，然而，明明很清楚考古出土的文字不用，卻沿用錯誤的後世的通行本文句，實在不知道理何在？

在這段期間內，很奇怪的，沒有任何宇宙訊息傳入，而就在我完成全部文稿，還原文句之後，正在喘息休息時不久，大約 2016 年 10 月間，訊息再次

出現了，說：「完成了，很好，很好。」讓我累積一年多來的心頭重擔，瞬間獲得釋放。

在整個老子文句還原過程中，自己最高興的是老子透過我，打破大家用國語（普通話）讀《道德經》的習慣。因為老子生於東周末期，為當時楚國苦縣人，也就是現在的河南省鹿邑縣人，所以老子當時講的是「中原河洛話」，不是現在的國語，而中原古音河洛話在當今的台灣話裡頭保留最多。

甚至，現在的兩岸學者，也沒有人說過要用河洛話來研讀《道德經》，大家都是用國語普通話在讀。

但是，在傳輸訊息給我的過程中，經常自然出現用河洛話誦讀的指示，由於我是道地台灣宜蘭人，以前研究佛經時也順便研究過古漢語，因此自己用台語一讀，果然韻味全出，意義全明，令自己也拍案。

曾經有一天清晨，訊息進入腦中：「吾非寫『道可道，非常道。名可名，非常名』，吾句子是『道可道也，非恆道也。名可名也，非恆名也』。你用河洛古音唸唸看，比較這兩句的韻。」

在馬王堆帛書上面，也是這樣的句子（右圖）：「道可道也，非恆道也。」會講台灣話的人，一起唸唸「道，可道也，非恆道也。名，可名也，非恆名也」，果然抑揚頓挫韻味十足，但是用國語唸「道可道，非常道。名可名，非常名」，就非常僵硬無韻。

訊息說：「別小看這個『也』字，吾當時發音為 ya，為先天腎氣之音！後世把吾寫的 ya 統統刪掉，氣韻全失。」

事實上「也」字並非不重要之語尾詞，不是發 ye 音，要發台語的 ya 音，這是有韻味的中原河洛話尾音。今日的

台灣話「也」就是念 ya，稍微拉長音，有抑揚之感。後世造出來的「呀」字，就是古音的「也」。

古人問：「是否？」回答：「是也！」此種文言句型，聽起來非常有學問的樣子。其實，就是當今台灣人經常會說的：「si bo？ si ya！」，是非常非常通俗的口語。

「si bo？ si ya！」就是古文的「是否！是也！」不能忽略這個「也」字啊！這是運用朗讀來啟動先天腎氣的發音，沒有修行經驗的人很難理解。

還原老子原文之後，又獲得這種前所未有的啟示，我相當欣慰。但是2016年間我沒有寫作，因為一直無法定下心來，也不知為什麼。事情就拖著。一直到了 2017 年，也忘了哪一天，突然出現「該開始寫了」的念頭，於是我就打開電腦，文句泉湧而出，只用了一個月就完成了。

2015 年以前從來讀不下通行本《道德經》的我，竟然在 2017 年底之前很快地完成《道德經》的還原工作與寫作。我知道，這不是我寫的，也不是像一般《道德經》學者那樣是經過幾十年功夫研究寫出來的心得，套用中華生命能研究會前理事長樓宇偉博士的話：「download 的。」是的，是從宇宙下載的，但不是主動下載，而是被動下載。

因此 2018 年 2 月就出版還原老子思想的《老子不為》，在台灣的書市上還算反應不錯。曾經在大陸幾個城市演講，得到的回響要比台灣的回響大。記得最深刻的是在浙江寧波大學演講後，一位女教授走上前來。問我：「這是你研究的心得？」

我回答：「不是。」

她說：「那就對了。」

這個對話很妙吧！讓大家來想想這個對話的深層含意。

之後我接到台灣光中心負責人周介偉的 LINE，告訴我：「剛剛中山大學楊碩英教授來台北光中心，他測《耶穌自傳》99％正確，《老子不為》是100％正確。其他書《秘密》1％，《亞伯拉罕》1％，《阿納絲塔》1％，《奇蹟》50％。」

而樓宇偉博士也發來微信，他也不約而同找了楊教授，以及一位道家高人，用他的天眼來審視我的《老子不為》，都得到接近滿分的高分。

他們怎麼測試？何時測試？我都不知情，卻都得到極高的分數，何以如此？因為這本書本來就不是「人間的我」個人辛苦研讀《道德經》數十年的心得，全是宇宙高等生命智慧體傳訊給我的，當然正確。

天上的師父訊息說：「宇宙一個定律，必須有相關血統的人類才能下載相關星系的內部知識。比如，猶太祭司才能接觸大衛王系列的秘密，其他族群祭司，即使歷歷在目的與神對話，也不真實或不深入。相同的道理，西方靈投胎的人也是很難下載東方神佛的知識。血統就是一種隱形的天線。」

這就很清楚說明了西方通靈人連結的都是西方的神，台灣通靈人都只與東方神佛連結，原來是有宇宙定律的，與星系血統有關。

2019 年 2 月一封轉自深圳市港澳政協委員的微信群提到「中國正在發生的一百個變化」，第 54 條為「《道德經》需要重新翻譯！」或許，冥冥中已經在叫我做這個工作了。自己也終於知道從 2018 年起，我的第三個宇宙任務就是「復興經典文化」，第一部是還原老子思想，這是復興「道學」的任務。接著是復興佛學的任務，於是 2018 年 8 月出版了《佛陀的量子世界》。我相信一切全是宇宙高靈的安排。

2018 年底有一天，從北京回台灣的海南周易影視製作公司製片人蔣雪柔女士，發來微信，找我見個面。

　　原來她就是投資拍片並製作過《李衛辭官》、《武林外史》、《蕭十一郎》、《大內低手》等十多部影視的製作人。其中的《武林外史》是我很喜歡的電視喜劇，連看了兩遍。

　　她也看了我的書，覺得有緣，想要進一步討論。更妙的是，見面之後，話題也不知怎麼就談到北京大學中文系特聘教授龔鵬程博士，龔教授是她幾十年的老朋友了，更是在 1986 年找我一起籌備佛光大學與南華大學的創校校長，我們也有三十多年的革命感情。如此的巧合，只能說是上天的安排。

　　蔣雪柔女士又說台開公司邱復生董事長也看了我的書，又介紹我們認識，現場還有前內政部長李鴻源教授。邱董事長年紀長我一歲，我們成長的年代相同，因此非常談得來。在幾次深談之後，邱董事長交給我一本《佛當初教的是什麼？》，2002 年由 TVBS 周刊出版的書。

　　我一翻閱就說：「太好了，這才對。」

　　邱董事長說：「我們都七十多歲了，我這輩子最後想做的就是把佛陀當初教的重新宏揚起來，正本清源。」

　　我大為驚喜：「這也正是我在做的，還原老子思想、還原佛陀思想，這是宇宙交付的任務。」

　　邱董說：「就稱為『初雲宗』，發揚佛陀最初的思想。」

　　「太好了。」

　　於是，我們在 facebook 上設立「初雲宗論壇」這樣一個粉絲專頁，我將《佛當初教的是什麼？》這本書做了重新改寫，又補充了三萬多字的內容。

　　另外，還將全球公認的原始佛典《阿含經》重新以宇宙生命科學的角度詮釋，就是《佛陀的初心：2550 年前最早的正法》一書。之後又陸續出版《心經的宇宙生命科學》、《法華經的宇宙文明》、《尋找現代藥師佛》。

　　接著又在 2021 年接到老子的訊息，要我將「老子原文、郭店楚簡、漢墓帛書甲本、乙本、西漢竹簡、王弼注通行本」的考古版本做一句一句的比對，然後用老子原文做詳實的解說，特別強調用中原河洛話來解讀，並附上老子原文的白話翻譯，由漢聲出版公司精心設計在 2022 年重新出版，未來還要出版英文本、法文本、德文本，這將是全球老子思想學術界的大事。

　　將二千五百六十年前的老子與佛陀的偉大思想，在這個世紀重新綻放，還原本源思想，這是讓現代人看得懂的學術壯舉。但這不是我個人努力研究的心得，而是前一篇訊息所說要我寫第三類「某系列導讀」的任務。終於明白了，就是「經典復興」系列！

　　這，全是宇宙高靈的安排，不是我個人的努力。

　　星際無邊，一切來自你的心！

PART2

人間靈訊

7

上天入地的通靈人

　　西元 1994 年初，有機緣遇到一位陳先生。當時他第一句話便向我說：
「不要穿紅色衣服，防小人。」

　　這可重要了，在我的命宮中確實提醒我要防小人。回想過去，也確實在
台灣碰到過四位都是我曾經幫助的人，後來卻成為在背後譭謗我的小人。

　　陳先生又說：「勿戴玉珮，會造成血壓低。勿與肖虎者作生意，勿吃牛
肉、羊肉、馬肉、狗肉、豬肉，可吃雞肉、魚類，要多練氣功，多拜關聖帝君
和觀世音菩薩。」

　　我完全沒有給他八字，也不是刻意來求教的，他如此一說，我心裡震了
一下。不要戴玉珮可以理解。但是勿吃牛肉、羊肉、馬肉、狗肉這一條，幸好
我們平常就不會吃馬肉與狗肉，但是如果連豬肉、牛肉、羊肉都不能吃，似乎
有些困難了，幸好還可吃雞肉、魚肉。

　　又說：「職業上最好當老師、教授，可做公司顧問、股票顧問，可作經
貿顧問等等。」

　　我又震了一下，說的太準了。當時的我業餘確實也擔任一家企管公司的

顧問，在證券報紙《產經新聞報》上面以「呂理中」為筆名寫股票趨勢分析專欄。當時也去過大陸 30 多次，正在進行經貿顧問工作，但我心裡最想做的就是去大學教書。

在完全沒有介紹自己的情況下，這位通靈人的訊息就把我當時的所有工作狀況說了出來，還道出我心中最想做的事，連要拜的神佛也都是符合家中的信仰。

第二年，1995 年 11 月，龔鵬程教授邀我參與佛光大學的籌備工作，同時參與南華管理學院的籌備，次年開學，我就正式成為大學教師，一直到退休。這正是我最想做的。回想前一年陳先生的訊息，統統應驗了。

至於顧問方面，我知道自己適合擔任大公司老闆的高階決策顧問，因為我經常會有很多來自宇宙的訊息，給我前瞻趨勢，能知曉未來發展，知曉公司決策正確與否，可惜這個大心願，還沒有遇到大公司伯樂老闆。

現在，就將通靈人陳先生的一些訊息做以下報導。

遊地府

陳先生說他曾有過「下地獄」的經驗。

他說：「陰曹地府的景色和一般描述的一樣，灰灰暗暗，我大概只到第四殿而已。也看到刀山，獄卒的確將人丟下刀山，然後又拉起來，一切傷口瞬間都沒了，又好好一個，因為那不是肉體，是靈魂。

「獄卒的長相不是牛頭馬面、鬼頭鬼面、青面獠牙的樣子，完全和普通人一樣。

「整個殿的樣子就和古裝片一樣，地獄的審判沒有一審二審三審，只問一下是不是真的如此，然後就去受刑。

「地獄就好像礦坑一樣，昏昏暗暗的，感覺到有很濃的腥味，令人不舒服。地獄沒有路，我是跟在地藏王菩薩背後飛去，不是用走的，而且很奇怪，一個殿一個殿不是用路相通，也不是像房間一樣一間一間，看完第一殿，景色一變馬上就出現第二殿，看完又呈現第三殿。

「地獄不是普通人可以去看的，和一般遊陰間不同，必須要地藏王菩薩帶領才能去，其他神明還是有不夠格的。而且，我去也無法接近各殿，只能站在遠處看，只看到一個接一個亡靈被拉到審判官面前，問一下就去受刑，沒辦法聽到問什麼。

「真的，地獄內味道很難聞，實在難聞，地上都有蛇、蜈蚣、癩蛤蟆等，幸好我是跟著神明飛去的，若用走的，實在不敢走。」

記錄了陳先生以上有關地府的描述，之後我就做了筆記，在此提出個人看法如下：

一、陰間是另一個宇宙空間，民間「觀落陰」法術可以帶人靈去遊陰間，景色和陽間差不多。但「地獄」是陰間裡一個不是隨便可以去的監獄，那是昏暗如礦坑之處，裡面是審判殿以及行刑之處。地獄和陰間的關係就如同監獄和陽間的關係一樣，所以，陰間不等於地獄。

二、地獄獄卒長相和一般人一樣，不是牛頭馬面、青面獠牙。市場上的圖書可能是為了警示之用，才畫成那麼可怕的模樣。

三、地獄內有刀山、油鍋等，和民間描述的行刑方法一樣，可見地府十殿的畫像是真實的，那是古代用通靈方法去看過地府的人回來後所描述的，各殿建築就和古代建築相同。

四、地獄味道很血腥，難聞。這是可以理解的，一定不會如天上一樣充
滿香氣。

五、最重要的是，不同的地獄殿就是不同的時空，所以不用一殿一殿的
走，而是瞬間轉換時空。正符合近年的多重時空的科學說法。

坊間有些人不相信觀落陰，他們說那是一種催眠，其實完全不同。會說
這種外行話的人，一定沒有親自參加過觀落陰。我曾經有過多次觀落陰的親身
體驗，施法的呂金虎老師根本沒有像催眠師般的暗示我們，他先交代大家若有
看到什麼要主動說出，而他只專注於唸咒語而已。

在此就說說我參與著名女作家三毛小姐的觀落陰經驗吧。

當時作家三毛和丈夫荷西情深意篤，荷西意外去世後，她深受打擊，常
希望能夠再和荷西相見，希望能夠找到和荷西靈魂溝通的途徑。

後來在一個知名出版人的安排下，就在他家的地下室，邀請呂金虎老師
前來施法。那一天在場的只有出版人、呂金虎老師、研究靈異的知名作家醉公
子、三毛、我，還有一位助理。這次觀落陰還全程由醉公子錄音，後來整理成
文字發表在《皇冠》雜誌上，說起來是三十多年前的事了。

就在呂老師誦念經文咒語，伴隨著木魚法尺的敲擊催促聲中，坐在椅子
上用紅布蒙著雙眼的三毛雙腳開始動了，好像在走路的樣子，不久她說：「看
到一個隧道。」呂老師說：「繼續走。」

又經過一陣子，三毛說：「看到隧道口了。」呂老師指示說：「繼續走，
走出隧道。」

過一下子，三毛說：「走出隧道了。一片農田景色，沒有很亮，不像白
天，就是昏昏的。前面有一條河，有一座橋。」

此時呂老師趕快交代：「站著，不要過橋。」

　　我和醉公子互相望了一下，點點頭，似乎兩人心裡明白，那就是奈何橋，過去了就回不來了。

　　呂金虎老師問：「妳想見誰？」三毛很快回答：「荷西。」呂老師就敲著木魚法尺，並催唸咒語與經文，經過大約一分鐘，三毛說：「義父來了，就在橋那一邊。」

　　呂老師說：「跟義父交談，問他荷西在哪裡？」三毛停頓一下，似乎在問她的義父，不久說：「義父說荷西不能來，他在另一個地方當縣長。」

　　在旁邊的我們三人互相望了一下，感到非常新奇，陰間竟然還有縣長職位，那不就也像政府組織。這一幕場景，到現在我還記得非常清楚，這是從來沒有想過的。

　　再經過呂老師一陣木魚法尺咒語經文唸誦，三毛說她看到了自己的「生死簿」，呂老師問：「上面寫什麼？」三毛回答：「寫我出版二十三本書。我現在才寫了十四本呢。」

　　我在心裡嚇了一跳，換句話說三毛再寫九本之後將不再寫書或發生什麼事？在場大家誰也沒想到，過了六年後，三毛47歲驟逝，出版社仔細核計她生前的作品，果真就是23本。這真是冥冥中的定數嗎？沒有人敢說出來。

　　（在此要特別交代，自從呂金虎老師過世後，後人也扛著招牌在做觀落陰的事，絕對不要花錢去受騙上當！）

遊天庭

　　陳先生接著談「遊天庭」的經驗：

「在做觀落陰時，看到前面香爐出現彩虹，很漂亮，感覺自己一個人飄飄而上，去到凌霄寶殿，還經過南天門，不過坦白說，沒看到齊天大聖，而是看到一位武將，黑黑的，個子很高大。

「在天上時，就感覺好像八仙過海般，站在雲上，一卷一卷的雲在飛，我們不用走。到達凌霄寶殿後，只能在外面看，不能進去，以我的奇緣，也只是濟公師父帶我去看一下而已。」

在坊間，有些人說上到天庭可以隨意見到玉皇大帝，我絕對不相信。

這就如同世間一樣，我們去參觀總統府，也只能看到一部分，不會將內部整個開放，而且也不可能隨時見到總統。所以，到天庭也只能在寶殿附近看看而已。

陳先生說：「整個寶殿金光燦爛，看不到地面，全是濛罩著霧般，也看到不少人出出入入，每個進大門的人都和古代皇帝一樣，雙手拿著奏板，我站在門外遠處看，不敢動。

「不久，濟公師父就叫我回來，我感覺在天上的時間極短極短，但回來後卻已經過了一個多小時。」

由這段經歷，我之後再歸納整理出一些值得思考的新啟示：

一、確實是有南天門，有一位武將在守備。這個敘述與著名的寬淨法師在他的書中所描述的完全相同。

二、民間傳說踩雲朵飛行是真的，在天庭時感覺底下全是雲。

三、普通人的靈出竅去到天庭，不是隨意就能見到玉皇大帝。也不是可以隨便參觀，只能看到一部分。這一點完全可以理解，本來就該如此，否則隨時隨地任何人的靈去到天上就能和玉皇大帝見面，這個玉皇大帝就連一個市長、一家公司的總經理也不如了。

到西方極樂世界

　　陳先生接著又說起他到西方極樂世界的經驗，他說他不是佛教徒，是修道者，結果是觀世音菩薩帶他去佛國，他還說那一次最好玩了。

　　陳先生說：「我感覺一直飛一直飛，不知飛到何處，然後下降，看到一處，整座山都是金色的，下降後沒看到其他人，往上看才知道自己站在觀世音菩薩的腳趾頭趾甲上，看不到整尊菩薩，太大太高了，自己很小，站在趾甲上，只能往上看到一隻腳的樣子。

　　「往下一看全是人，遠遠的，有好幾萬人的樣子，密密麻麻，看到的每個人頭上都是金光閃閃，心裡想著向觀世音菩薩說：『這麼遠看不清楚。』

　　「結果景色就好像鏡頭調近般，一下子就調清楚了，所有人的面貌都相同，沒有男女相之分，每個人都合掌微笑，雙眼微閉狀。

　　「觀世音菩薩教了我一句咒語，十六個字，但交代不能告訴他人。此後我在必要感應時就念此咒語，只需一、二秒鐘就能感應到，但不可隨便使用。」

　　陳先生也被帶到西方極樂世界，四處參觀，看到孔雀和地球上的一樣，但很大，有整個房子那麼大。所有的東西都很大，魚也一樣，整條魚都是金色，好像黃金打造般。接著，孔雀好像鏡頭調近一樣逐漸變大，最後只能看到展開的孔雀尾巴，很漂亮。

　　「觀世音菩薩的形象就和一般畫像一樣，是穿白衣的女相，很慈祥美麗。我沒有看到大明王的男相，而且觀世音菩薩的指甲很長很尖，看得很清楚。

　　「天上的景象都有立體感，但摸不到，不像平面畫像，是立體的。

　　「和天上神明對話，不用講話，不用開口，只要心想就能溝通了。我個人一些過去的事，也確是經過溝通而得到解答的。

「任何溝通都是心念一到就達成了，不用去求，就像學生解題目時，不會解答的，老師只教方法，最後仍要自己去寫出解法，而不是老師幫學生寫好，讓學生抄，這是菩薩說的。

「求神，是求解決的指示而不是求解答，世人以為神是有求必應，不對的，因為有求必應是不公平的事，各人因緣際遇不同，如果人人都因任何事而有求必應，神就成為人的奴隸了。」

聽到這裡，我不禁笑了出來，確實，如果有求必應的話，神佛都成為人的奴隸了。

陳先生說：「神與人間的老師一樣，傳道、授業、解惑，一切還是要人親自去做去實踐、去體驗，而不是要神明幫忙做。就像數學題做不出來，老師可以提示解答方法，但不是幫你解答，道理完全一樣，就是如此。

「神明只是指點一條可行的路。神是要尊敬的，不是要迷信的拜！現代人因為貪嗔癡才想不開，只會求名求利，世人自己要了悟，要想得開。」

由陳先生這一番經驗，我們得到很多「開悟」的指引，最重要的就是「求神」的真義。希望讀者能多多體會這些句子：「若是神明有求必應，祂就成為人的奴隸了」、「神明不是幫你寫出解答，而是提示解決的方法」、「神是要尊敬的，不是要迷信的拜」。

句句真言呀！

以上遊地府、天庭、極樂世界的描述，與西方經典但丁的《神曲》頗類似，一樣是遊地獄及天國，難道不同時代不同地方能夠通靈的人，有機會去天堂或地獄觀看，都會有相同的描述，那麼是否可以認為真有那些空間的存在？

以我自己四十年來的經驗，確實存在，但是，當代科學無法偵測也無法證明，因為他們的存在結構超乎地球儀器的偵測水平。

靈魂出竅

談到「靈魂出竅」的經驗，陳先生說他出竅次數很多，也看過不少景色，但不知道那些景色位於何處，也無法驗證。

他舉一個例子：有一次靜坐時，出竅跑到高雄一個朋友家，和他家神明一起聊天，朋友家是四樓透天厝。後來看到一個小孩在樓上跌倒，頓時靈魂回來，趕快打電話去高雄，向朋友說他家有小孩在樓上跌倒，趕快去看。朋友回答：「沒錯，剛剛小孩跌倒了，頭上撞了一個大包。」

提到感應事蹟，陳先生也說經驗太多了，例如一次他感應到板橋一個開鐘錶店的朋友，好像店裡的錶有少了，便打電話要他朋友點一點數量，結果高級錶果真少了五、六只。

陳先生要他勿打草驚蛇，是店員偷的，便回永和，在神明前做些法事。

結果第二天下午一位還在讀夜間部的女店員自己認了錯，但是能討回來的討回來了，有些已被拿去當掉，損失了一百多萬。

另一次，陳先生又提醒這位朋友要注意，會有破財事發生。朋友很小心，一切錢財物品沒有損失，結果是四樓的一尊包金神像被偷了，他是 1980 年花 60 萬元買的。

原來，朋友家後面在蓋房子，防火巷很窄，很接近他家後牆，供奉在四樓的神像被後面的工人看到，就從後陽台進入偷走了。大家只注意到錢財物品，萬萬沒想到神像會被偷。

關於「靈魂出竅」的現象還是有不少堅信科學主義的人否認，但我個人卻有一次靜坐時進入宇宙深空的經驗。

那是一個平常日的晚上，當時心血來潮就在臥房靜坐，沒有期待什麼發

生，只是設法放空靜坐而已，沒想到，閉著的眼皮前方突然好像出現一個深黑空間，然後視線往前快速飛行，好像進入宇宙黑洞一般，非常快，然後看到（眼睛是閉著）很多亮點充滿整個深空，非常安靜，我的視線也就停在那邊，那些星星統統停駐在那邊，非常多，我也不再飛行了，就飄停在那邊。不知過了多久，深空亮點景色突然不見，剎那間我又回到了自己的房間。

台灣人對拜神的誤解

這些事蹟都很靈，不過陳先生也笑著說：「有時感覺拜神拜得很煩，就如菩薩所言，祂們是在指點迷津而已，還是要人自己去解決，可是在求救無門時，也會怨神明幫忙不夠徹底，他就不想再拜，也會有這種心態。」

陳先生實在很坦誠，但這也是人之常情。多數的人一向就是以「求」的心態來拜神的，而不是以「悔」的心態來拜神。

這一點和西方宗教不同，西方人上教堂不是去求上帝幫忙事業發達、兒孫幸福、中六合彩、一切順利。西方人上教堂是去告解、去懺悔、去悔改，把內心的錯誤坦白交代，而後正正當當地重新出發。

但是我們台灣人上寺廟，就是去「求」神明保祐很多事情。

陳先生說：「神明是與人共修的，如果人求得越多，神明要從信徒中吸回去的也越多，因為當神的也還在修的過程中。」

換個角度看，如果讓你來當神，那你就應該大公無私、出來濟世，但看到一大堆人來求你幫助賺錢、求身體健康，那你要幫誰？如果幫這位不幫那位，實在不公平，可是那麼多人要你幫，你怎麼辦？所以，當神實在很可憐。

　　真正的神是在救人心，知道某人走偏了，要去指引他正確的路，不要犯錯，這才對。若是每位簽樂透的人都來求，都要神明助他中簽，那麼，每個人簽的號碼都不同，那麼神明要幫誰？

　　如果小偷去祈求：「請神明在我晚上出草時讓我豐收。」假如神明就讓此人如願，我就要問，這是什麼神明？

　　陳先生強調：「台灣人最會拜，但拜神的意義完全錯誤！」拜神敬神原本是好事，但拜得太過了，久之內心會貪，例如今天去求神助六合彩中 1 萬元，他日不會就此滿足，會求幫忙再中 2 萬元，再下次希望 3 萬，貪念越來越大，最後無法收拾，如此幫下去讓你越貪心，那麼，有一天不中了，人會怎樣？神明要如何處理？就變成神和人都有罪了。

　　台灣宗教由於儒、釋、道三教融合，各種神明都相混了，弄得神佛仙鬼不分。事實上，不管什麼神，都還要修，最好的方法是「神人共修」，所以人不要求神，神不用幫人，雙方共同「修心」，才能達更上層的境界。

　　陳先生的觀點和我平日思考的不謀而合，讓我相當高興，數年來我以「科學的精神、理性的思考、冷靜的態度、包容的胸襟」為宗旨，運用自己提倡的「宇宙靈學宗教科學」理論來研究宗教本質，就有如陳先生相同的看法。

　　不管是什麼宗教的神，真正的目的是讓人脫離苦海，不管去極樂世界或天國，或是道家的仙境，都是度人離開這個不樂的人間，來了悟人生。

　　可是，現在社會上信教的人都走偏了，大家都走向「迷信教派」，而不是了悟生命。

　　陳先生也很感慨，認為應該用科學方法來推動宗教本身的正確觀念才對，才不會迷信。這也和我數十年來努力的方向相同，也因此在近兩年用現代宇宙生命科學與量子理論的角度來詮釋佛書，出版了許多相關書籍。

沒有吃素，唸經咒

我詢問陳先生此種能力的來源，他說那是天賦，也是到了 40 多歲才會的，不是自己修習而來，而且他曾對關聖帝君發過誓，不可以將此能力用在不正當的方面。

這時陳先生插了一段和他的岳父等人打麻將的趣事，他說每個人的牌他都一清二楚，要打哪一張也都知道。而且，他有透視力，眼睛一閉，就可以看到人體器官疾病，那是能力最強時才有這種經驗，可是工作太忙，也少修了，現在能力已大不如前，不過再修一段時日，又會靈驗，沒修的時候，真的能力差很多。

我問他有沒有吃素？陳先生答說：「沒有。」

他強調大家都是外求的在拜神求神，不如拜自己、求自己。這句話看起來很矛盾，但深一層想：求人不如求己，難道不對嗎？求己就是修心，佛陀不也是如此強調？不要外求，要內求呀！

我問陳先生：「如何修？」

他說：「打坐、唸經而已！」

但不是唸一般見到的經典，如《心經》、《金剛經》等，不是唸那些，而是南部一位師父教他的三種簡便經咒而已。一般人唸佛經不是不好，但僅是精神上的安慰作用。

當時陳先生將他收藏的三種經咒抄錄給我，這實在是極為寶貴的贈品了，我該好好的打坐來勤唸才對！這些經咒是道教的，陳先生說：「其實也不是咒，是一種打坐時禪定及靜心的介質。」

我看了一下咒文，很簡單。只有六句，其中一句是「道法本無多」，的

確如此！把此咒帶回家後，也利用時間唸誦一下，可是沒有感應，後來就不知放到什麼地方去了。

數年來，我用超科學、超宗教的宇宙生命科學來研究心靈現象，就認定一切法應該是簡單才對，「大道至簡」，而不是弄一大堆規律、戒律來束縛身心，那是錯誤的。

古人不是說「法自然」嗎？什麼是道？就是要法自然！

就像打坐，一定要雙盤嗎？很多人根本無法雙盤，連單盤也坐不久，這樣如何靜坐？如何靜心？

靜坐重點在「靜」不是在「坐」，所以只要能找個舒服姿勢，放鬆心情，才能靜心。坐沒有三分鐘，腿就痠了麻了，怎能把心靜下來？

有人說：「那為何佛陀當時他們都是席地而盤坐？」

很簡單，那個時候還沒有發明椅子。椅子是唐朝時才發明的，所以老子、孔子、秦始皇、劉邦等時代，全是席地而坐，所以佛陀時代也是席地而坐。後世的人就以為靜坐要席地而坐，殊不知，是因為還沒有發明椅子。哈哈，解惑了吧！

不燒紙錢拜水果

陳先生說：「最早的道家強調自然，分符籙、修行、丹鼎三派，沒有燒冥紙，只有儒家才有科儀、排煞。

「台灣將儒、釋、道三教混在一起，一些佛寺也在燒紙錢，那是不對的，佛教哪有燒紙錢？真正的道教也沒有，西方宗教更沒有，只是獻鮮花而已。」

　　談到燒紙錢，我也擔任過中華殯葬教育學會副理事長，也曾探討此民俗的正確與否，一般人知道佛教是不燒紙錢的，但其實真正的道教也是不燒紙錢的，這就打破了世俗的認知了。

　　他又說：「想想看，神鬼們在另一個時空，需要用錢嗎？」

　　確實，我相信阿彌陀佛、觀世音菩薩，以及外星人耶和華他們的星球也沒有用地球的錢。陳先生下到陰間也沒有看到鬼魂在用錢，所以對一些神壇大量燒紙錢的作法不以為然。

　　「祂們不用吃食，祂們是靈體，輕飄飄，根本不需用這些，祂們是吸氣呀！我一輩子拜神明，從不燒紙錢，還不是很有能力，很興旺！神明不是拿紙錢去用的，而是吸氣！所以拜水果和點香就可以了！」

　　所有的寺廟一年不知要燒掉多少個億的紙錢，將木材資源如此燒掉，說實在的神明也不會喜歡，只有製造商和販賣人在賺錢而已，對任何人也都沒有好處，不僅浪費自然資源、燒紙錢的人花錢，而且還製造空氣汙染及一大堆無用的灰燼，如此的浪費，對國家無利，神明會喜歡嗎？神明會要人如此糟蹋資源嗎？應該不會才對！

　　陳先生供奉關聖帝君，也不燒紙錢。燒紙錢是從東漢以後才有的習俗，真正的道家也不燒的，是張道陵創道教以後才有的。可見，不論是佛教與道教，並沒有燒紙錢的規定，但要破除現在的習俗實在有些困難。

　　點香是有的，那是和宇宙訊息溝通之用，香就如同天線。泰國佛教也有點香，各地寺廟也都點香。如果燒紙錢可以買通小鬼，甚至巴結神明，就表示鬼神都不公正，神明司法不公，接受賄賂，那麼是非不就全錯了嗎？

　　陳先生說他只有掃墓時才會燒一些，但那是表示對祖先的敬意。

　　再來想想，紙錢分很多種，有燒給玉皇大帝的「天公金」，玉皇大帝在

總管天下，還要燒紙錢給祂幹什麼？就像總統，他治理國家，要人民捐錢給他嗎？根本不對。

陳先生上天庭看過，那上面什麼都有，凡間無仙桃，天上有，祂們以地球人來看都是長生不老，一切比地球好太多，我們燒紙錢給祂們做什麼？

現在一切民俗都扭曲了，必須糾正。將一年燒掉數億紙錢的經費拿來做老人年金或救濟用，不是更好嗎？也不用砍樹木，保護資源，這才正確。

現在不少場所已將點蠟燭改為點燈，這是可以改的，也可減少不慎造成火災。所以，燒紙錢也可以改掉。

真正說來，心中有神，無論在哪裡都有神。我認為，點香是有必要的，那是「溝通宇宙的天線」，不過也不用大把大把的點，插在香爐，插在心中都可以，心中自然有神。

寺廟擺一個爐，頂多兩個爐就可以了，用不著擺很多個爐。西方宗教從來沒有燒紙錢，只偶爾薰香，他們用禱告，也同樣達到效果，又如唸咒語，默唸，心靜之後同樣會達到效果。重要的是，拜神不可為自私之事來拜。

用水果供奉即可，水果的「氣」讓神明吸走，水果的肉我們還可以吃，一點都不浪費，也不會空氣汙染、不會浪費資源、不會發生危險。

拜拜的三原則

陳先生的靈訊也啟示過國運，說今後地震、水災、火災會增多，經濟會衰退等等，這些年來也都應驗了。

但陳先生特別強調，拜牲禮的習俗是不對的。他說殺生後將這些靈歸給

神明，就不對了，拜祖先用牲禮也不對，因為所有動物都有靈，把殺這些動物的罪過統統轉給祖先及神明，怎麼會對呢？

「簡單、扼要、誠心三者才是拜拜的正確原則。殺牛、殺羊、殺豬等來拜天公，怎麼會對呢？玉皇大帝喜歡大家殺生來拜祂嗎？道理應該一想就通。

「拜拜也不用刻意準備一大堆素食，只要鮮花、水果、茶就可以了。任何水果都可以，自己家人喜歡吃的就好了，先拜神明祖先，拜後家人可以吃。

「有些人說不可用什麼水果拜，用什麼比較好，那只是取吉祥諧音而已，神界的水果更好更多，祂們不會挑的，誠心就好了。」

我故意問：「那麼現在民間為何會有這麼多扭曲的錯誤信仰呢？」

訊息說：「不是神明的錯，也不是信眾的錯，是傳宗教的人錯了，他們誤解了，於是傳授的方法全不對。」

我哈哈大笑，沒錯，任何宗教到今日都充滿一大堆錯誤，甚至錯的比對的還多，問題就出在數千年來傳承的人弄錯了、誤解了、扭曲了，或者是為了賺更多的錢而創出來的花招。

在此希望各宗教神職人員不要因此惡意罵我，先平心靜氣的自我檢討，虛心反省，是不是如此？

如果能從現在開始做起，你們就是有道之人了。因為上天給我們的啟示是這樣的：

一、用鮮花、水果、茶水來拜神祭祖，不要再用牲禮。

二、點支香，誠心的感謝。不燒紙錢，也不要貪求神來保祐發財、健康。

三、神格比人格高，怎麼可能有求必應？這些都不是神，而是低級的靈，今日你求他一分，來日他會要回更多的。

四、想修的人盡量少吃肉類，吃全素不方便，可以吃些魚類海鮮。總之，

　　陸上動物有血有肉，其靈和人較接近，最好不吃。海中生物沒有血的，其靈距人較遠，較無妨，也可以補身體健康所需。

五、老子說「人法地地、法天天、法道道、法自然」，因此人的最高境界不是求道，而是法自然，當然也要愛惜自然，人和自然是息息相關的，一切的宗教戒規若違反自然，就是錯的。那都是法師、牧師、神父們訂的，用來控制信徒而已。

　　有關老子「人，法地地、法天天、法道道、法自然」這一句，後世斷句為「人法地、地法天、天法道、道法自然」是不正確的，若是用後世斷句來解釋，人只要效法地，地效法天，天效法道，道效法自然。這根本不是宇宙規律，根本失去老子本意。

　　大家用台語唸唸「人，法地地、法天天、法道道、法自然」，就能體會音韻之美，因為重複字用法在古代詩經裡頭很多，台語中不是也有黑麻麻、青筍筍、白泡泡……等的用法嗎？而且重複的兩個字音調不同，那是台語八音調的精彩。

　　老子是在說做為人，必須效法地、效法天、效法道、效法自然。必須要效法全部這四樣，不是只效法地。

8

超越宗教的宇宙真理

通靈小姐來找我

　　西元 1994 年，我首度用自己提倡的「宇宙科學 Cosmic Science」理論開始詮釋靈異現象，出版《大神秘：靈異現象科學觀》。沒想到很多人看過書後來找我，都是談論他們親身的靈異經驗，希望我給他們一些解惑。

　　就在第二年的 2 月，一位何小姐在電話中很著急的想來找我，談她遇到的一些不可思議事件。於是約在中旬的一個週日，這位小姐和她先生來到我家，長談了五個小時，並做了錄音。

　　首先，我好奇地問她為什麼要來找我，我並不是一位宗教界的大師，也不是會捉鬼的命理人士，更不是通靈乩童。

　　何小姐說：「承天禪寺一位法師要我來找你的，那位法師看過你寫的科學靈界方面的書籍，推薦我來找你。」

　　於是何小姐開始述說過去六年來的靈異經歷，吐露了不少宇宙訊息，她先生偶爾在旁補充一些。何小姐說她未嫁之前，是傳統燒香拜佛的家庭女子，

嫁給信奉天主教的家庭，便改信天主教，也接受洗禮，週日都和公婆到教堂做彌撒。

六年前，她開始經常不自主的心悶、恐慌、害怕，除了到教堂禱告外，也找寺廟求助改運，但都無效，狀況越來越不好，也曾莫名地自殺，幸好被發現而救回來。以下內容就是從她敘述的錄音內容整理出來的。

信天主教時的奇遇

六年來她常有罪惡感，心中莫名生起想到山上懺悔的念頭，便問她的公公什麼地方的山上有教堂？公公也不清楚。沒想到兩天後，突然來了一位修女，介紹宜蘭縣礁溪鄉五峰旗山上有一個天主教堂，那裡是教徒口中的聖山，有個聖母山莊，歡迎她前往。

於是她在先生陪同下專程前往，從山下走上去要三個多小時，路也不太好走。一路感覺像在尋找什麼，她的內心一直不安，並呼喚著「救我、幫我」。來到聖母山莊後，神父將手放在她的頭上降福。

當最後一位神父降福時，她的先生看到神父全身冒煙，但不敢說出來。他知道那是神父和邪惡力量在戰爭。回台北之後，她便經常參加聖靈同禱會，可是每次祈禱時就會嘔吐。

有一次手握聖水跪在十字架前，向聖母祈禱，唸著耶穌聖賢名號，沒想到唸了數句後，便口吐泡沫嘔吐。又有一次在嘔吐後，感覺吐了一個東西出來，那東西旋即跑出屋外。

有一次在家裡祈禱，正好她的女兒放學回來，女兒看到腳踏墊上有三、

四個小腳印，從門外向內走，她便拿一本《聖經》放在腳印上，不久腳印就消失了。接連數次這樣的經驗後，她又想再到聖母山莊去。

然而，她的婆婆抱怨：「近的不去，去那麼遠。」她的先生也突然覺得他不要去，便讓教友陪著她前往。

原本上山要三、四小時，當天她卻覺得腳步很輕，一口氣只花兩小時就上山了，然後很奇怪的事情發生了。

她在聖母像前跪下時，突然口出大家聽不懂的話，一直說一直說，大家都聽不懂，最後好像體力透支太多，往前撲倒，當時她覺得十分安詳舒服，便俯臥在那裡。不知經過多久，她才醒來去沐浴換洗。

當晚，不少教友在作聖靈同禱會，她原本不想參加，可是有股力量要她參加，一直在掙扎抵抗，最後抵不過衝出去，有股力量要她說話，可是她不要，便一直抵抗，但越抵抗越難過，甚至全身發起抖來。

最後沒辦法，自然開口說話了，但這不是她意識所說的，沒想到一開口就說：「你們這些人從家中出門時，耶穌就知道你們帶著什麼心上山。」

才說一兩句，就見數個教友噗通一聲跪倒在地，有的哭有的笑。她自己也嚇了一跳，便坐下來，可是那股力量又要她站起來，她不肯再次抵抗，但全身發抖難過，最後只好順著意站起來，才覺得舒服許多。

當時她在現場走走尋尋，好像在找人，看到一位男生，便走向前要他懺悔，那位男生趕快躲開。她又另外點人，點到一位男士要他懺悔，沒想到對方噗通地跪下來懺悔。她連忙說：「不是我，不是我，向主懺悔才對。」

第二天，她遇到那位躲開的男生，便向他灑聖水。日後聽其他教友說，那位男生是一位不良少年，經過那天之後，已完全悔改，變得極好，他的父母現在非常虔誠。

　　此時我便向她說明：「事實上，妳只是靈界傳訊的媒介角色，是無形的靈在控制妳，在這之前的一些嘔吐現象，應該是排出身體雜質，讓身體淨化的過程，靈才能夠進入身體。而那些自門外走向內的小腳印，就是無形靈的腳印，從此之後妳就開始有了一些通靈的神蹟了。」

　　何小姐又說日後在參加聖靈同禱會時，請宋神父降福給她。當宋神父對她降福時，便覺得頭昏昏的，然後感到丹田一直熱起來，有股力量要從那裡出來，大腸、心臟、整個肝，到神經系統、雙腳雙手，整個人被力量控制，倒在地上，感覺很熱很熱。

　　當時神智很清醒，卻沒辦法抵抗那股力量，嘴巴也一直唸著聽不懂的語言，咬住牙齒不講，那力量還是有辦法讓她講，但這是第一次從她內心深處發出來的經驗，感受很好，是一種很喜悅的感受。

　　何小姐表示，天主教沒辦法說明這些現象，只對她說那是天主的恩寵，可是她心中開始有了疑問。「從某一天開始，我在同禱會中，發現自己能知道某某人心中的事，甚至是從母胎中帶來的問題，而我知道如何去告訴對方該怎麼做。」

　　何小姐表示她有了此種能力後，於是幫忙做心理輔導，做了一陣子，突然覺得好像侵犯人家的隱私，心裡不安起來。「我在祈禱時，可以感覺到別人的隱私，有一次突然知曉某人的事，便打電話去，結果對方立刻承認有那件事，更使我內心不安，就想求得一些疑惑的解答。」

　　於是她到昆明街一個小教堂，去的人很少，便靜靜的在十字架前坐下來，看著十字架，她心裡問：「人為什麼有靈魂？靈魂在人體那個地方？為什麼會有靈魂？人怎麼那麼奇怪？」

　　想著想著，突然進入一個境界，何小姐用喜悅的表情說：「好舒服的感

覺，很清楚知道不是我們這個世界，那地方很和樂，沒有喜怒哀樂，沒有男女相，他們互相尊重，很好很好，時間長達約半個小時，很清楚的，我跟耶穌在一起，感覺很好。

「後來回到這個世界，內心沉重，開始要尋找解答，去問天主教徒，大家都說那是天主恩寵，以前人家如此講，我就信了，不去深入思考，現在不一樣，會想找答案。

「我心裡不敢靜下來，心一靜下來又會到那個地方去，也不敢靜心，便開始尋找，可是沒有人能幫助我，這方面的知識又缺乏。」

講佛語的神父

「偶然一次遇到一位陳神父，他竟然用『佛語』開導我。那時我是誠心信奉天主教，聽不進其他宗教的話語，聽陳神父那樣講，認為陳神父走偏了，怎麼可以用佛教語言來詮釋天主教，便排斥他。但是，在其他神父處卻得知陳神父是他們神父群裡公認修行與地位都很高的，於是只好回頭找陳神父，約了一天到我家來。

「那天陳神父說了不少『空間』的結構，我聽不懂。陳神父聽了我的境遇後表示以前自己是從理論上研究，如今從我這裡得到了印證，他很高興。

「以後每週，陳神父都到我家，也和我先生一起共談不少佛學道理，逐漸地，我也能接受天主教陳神父的佛學理論了。」

這是很妙的轉變，何小姐說：「以前在聖靈同禱會的一些觀念改變了，漸漸接受陳神父的分析。那時我還在找地方去了解，終於找到台北忠孝東路與

中山北路口的中央大樓，八樓有個小教堂，我每天早上 7 點從板橋騎機車出門，到這個小教堂，風雨無阻三個月，我去靜心，從那裡起，我有了一些內心感受，開始接受佛法。

「我有很深入的感覺，當時觀念中只有耶穌基督和天主，有一天，感覺到和耶穌在對談，很清楚地感覺尾骨處有一股氣流往上衝，從頭頂蓋衝出去，用手摸是硬的，可是感覺上是開的，一個禮拜都很不舒服。

「第二件，老是聽到一種震撼人心的聲音，有人說是心臟聲音，但我知道，那是宇宙聲音，好像很雄厚的嗡、嗡、嗡聲。

「第三件，感覺到宇宙很奧秘，說不出來，好像很神妙，那種感覺我不會形容。」

何小姐去請教不少人，有人說她是瞎貓碰到死老鼠，遇上一些靈異事情，但何小姐知道這不是答案。

「後來我在教堂打坐時，感覺到有一股力量在教我，我暫稱祂為耶穌，一直在冥冥中教我，風雨無阻三個月。其間，陳神父要到美國去靜心，從此就失去連絡。」

到土城承天禪寺

何小姐繼續說：「有一天我感覺要去深山，當時我在幫人家做衣服，就跟老闆說要請假兩天，心裡一直想去深山，但自己也不知道要去哪個深山。」

還好，老闆立時說：『我介紹妳去一個地方，土城承天禪寺。』這位老闆是佛教徒，吃素，可是我是天主教徒，怎麼可能去嘛！

「但我卻想起來，在中央大樓打坐那三個月當中，始終感應到一個和尚在我打坐時就站在我的右前方，我不知他是誰，但是卻巨大到看不到頭，只看到脖子以下，穿和尚衣服。我騎機車回家，他也在我頭頂上，我回到家，他也進入我家。

「我自己一直在問：『他是誰呀？』我也問陳神父，他說不要管，到時候就會知道。可是我不服氣，一直問那位和尚你是誰？他沒回答，但我知道他是在保護我，只有我看得到，別人都看不到。

「有一天，他給了我一個景象，看到一座山的峭壁，半山腰有個地方突出來，那個和尚就在那裡打坐。我又問陳神父，他又說：『不要理它，到時候就知道。』我大感不服，認為陳神父不知道才不跟我講。

「我的老闆跟我說了土城承天禪寺後，我回到家，心裡仍想著怎麼可能去，不可能的，但是有股力量要我去，於是便騎機車上山，只是心裡仍在想：『來這裡幹什麼？我都不認識，來這裡幹什麼？』

「當我到達承天禪寺時，看到事務所裡有師父在那裡和信徒們交談，我就進去，一個年輕師父聽了我所說的，便帶我去見方丈，從頭到尾，方丈只有一句話：『唸阿彌陀佛！』

「我當時聽了很討厭，心想怎麼不回答我的問題，只叫我唸阿彌陀佛。後來我走出來，先前那位師父拿了兩本書給我。後來在路上，我想起陳神父曾經對我說，他從來不唸《玫瑰經》，只唸『耶穌聖心！耶穌聖心』。而今，方丈也只叫我唸『阿彌陀佛！阿彌陀佛！』。

「我覺得兩個人似乎相同，便開始試試唸阿彌陀佛。我一直要尋找的答案，天主教沒辦法滿足我，便慢慢放棄。後來想去接觸佛教，於是天天唸阿彌陀佛，我很認真，一有空就唸。

　　「有一天，覺得很熟悉，又跑去問方丈，他又只叫我繼續唸，我覺得很懊惱，怎麼又是如此。不過，我還是唸，在家有空就唸。當時，我帶回的兩本書，有一天晚上一口氣便看完，大為高興，有很深的感受。當時深深覺得，廣欽老和尚就是我要找的，我們有很深的因緣。

　　「因此，我又到承天禪寺，認識另一位師父，我告訴他我感應的深山峭壁景象，這位師父只說：『我帶妳去。』便帶我到承天禪寺的後山，問我：『是不是這裡？』

　　「我當時大聲回答：『對！對！對！』跟那個景象完全一樣，師父卻說這沒什麼，並不重要，只是天眼通而已，但我有股熟悉的感覺。日後，一有空就上山去找那位師父，談自己的經歷。我覺得自己的能力也越來越強。

　　「而在天主教那邊，我告訴聖靈同禱會的教友們，天主的恩寵全被收回去了，我已沒有任何能力，以前，這些教友一有事，動不動就來電話要我幫他們解決他的疑難雜症，甚至有半夜想到也來電話，真的覺得很煩，之後接觸佛教也不敢讓他們知道，因為他們很排斥佛教，所以我乾脆告訴他們沒有天主恩寵了，從此他們就不再找我，連一通電話也沒有。」

兩位乳癌女士的不同歸宿

　　「於是我就安心的往佛教這條路走。有一次，師父說永和有個人得乳癌，情況不好，要我去看，於是先生帶我去，一進門就看到很多惡鬼圍繞著她，這些惡鬼的能力比我強，我敵不過他們，全身起雞皮疙瘩，師父問我那人何時會走，我回答三個月，果然，最後印證了。

「在街上如果遇到喪家或靈車，我就有一種知道死者生平事蹟的感覺。我有一位堂妹 33 歲骨癌去逝，當我去上香時，看到她的靈魂哭著叫我姊姊，哭著不要死，一直要擠回她的肉體去，我對她說，這是沒辦法的事。

「只有告訴她先生和家人唸佛，最好全家唸佛吃素，不要有殺氣氣氛，看是不是可以改變堂妹的執著，讓她知道自己死了。可是他們聽不進去，我也沒辦法。這種感覺，不知怎麼表達才好，也不像感應，就好像直接的就在面前，互相對話溝通。

「兩年過去了，我堂妹守在她家裡一個角落，堂妹夫家裡也不知道根本沒有超渡成功，就這麼執著，因為她們夫妻感情很好，太執著，可是沒辦法，我堂妹根本聽不進我的勸告。

「我有個朋友阿金，也是乳癌，38 歲，在她將去逝之前曾到我家住一夜，要我帶她去承天禪寺，我告訴她我的經歷，並叫她唸阿彌陀佛，並介紹師父給她認識。這位朋友的先生要考會計師時，她沒有說出自己乳房有硬塊，怕影響先生情緒，晚上還煮宵夜給先生吃，到她先生考上之後，才說乳房有硬塊要去檢查，但為時已晚，她先生會計事務很忙，她住院時也不常去陪她，我要她唸佛號。

「很奇怪，我當時跟她說：『忌不忌諱談死亡？』她說不忌諱，不知怎麼的，我都知道人死之後的情況，於是告訴阿金，人要有宗教信仰才有目標，許多人直到死後才知道是怎麼一回事。

「有一天晚上，我突然看到阿金來找我，問她：『妳怎麼來了？』結果第二天她就去逝了。第三天我到殯儀館去看她，拿起香，心唸著她的名字，看到她出現，對我說，她已完全知道了，要我幫她到承天禪寺立個牌位。人世間的一切完全是自己內心的束縛，不要受到環境的束縛，不要執著外在事物。」

多次觀靈經驗

「我打坐時，發現有不少善神圍繞，師父叫我不用理祂們，照常打坐。我非常能集中精神，那是一種內觀，內觀自己，冥冥之中好像有人教我，然後就看到很多善神。

「有一次，覺得靈魂又從頭頂出去，高有五層樓高，自己的靈魂看著肉體，肉體看著它，兩個對看，那個靈魂沒有形象、沒有顏色，很難形容那種狀況，像能量，又不像，好像氣，看不到它的真面目，但我知道它在告訴我：『等妳修到個人習性沒有了，就知道妳是誰了。』

「我知道那個靈性的心力是沒有時間和空間的限制，那個世界，念頭一閃，就可以達成，念頭一閃要到哪裡就到哪裡，人體奧秘就是如此。

「以後我感覺到上胸口好像有放電感覺，有一股出去的感覺。也體驗到宗教是外在的，任何的經文也都是外在的，如何研究全是外在的。真正的經文是在內心，在自己的靈性上。任何宗教有一大堆教規，都是在製造束縛。

「無論是天主教的天堂或佛教的西方極樂世界，確實有那個地方，是相同的地方，只是名稱不同而已。

「這些日子，我體驗了很多，也知道人死後是怎麼一回事，有錢人，書讀很多的人，死後就什麼都沒有了。

「有位同事的弟弟死了，我幫忙去唸阿彌陀佛，在火葬場處，我看到一整排等待火葬的屍體，我可以在每一位前面就能知曉他一生的事，那些事會自動讓我知道，不是從頭頂進來，而是心中直接知道。

「有些靈魂已走了，有些還在，我不會感覺害怕。我一直在思考，想研究，在打坐中，靈魂會教我，讓我學到很多人生體驗，我以自己的靈為生，沒

有依師父交代的佛法教規去做。我也沒到外面學打坐，完全是集中精神，內觀，打坐中體驗到我們的靈是很神聖的，誰都沒辦法束縛。

「但若是自己要去接受外在來路不明的邪惡力量的話，靈魂就會被束縛，且會影響到死前死後。這是我的經驗。

「有個朋友的母親臨終時，要我幫忙看，我真的看到邪惡的力量，那種東西來到他母親旁邊要收走她，我立時頓悟，那是某個宮的，便問同事他媽媽生前有沒有常去什麼宮，一問才知他姊姊就開了一個宮。那個無形的力量很大，我無法接近，它是灰色物體，我知道是不好的，要帶走他媽媽。

「我也看過人的元神，曾看過某人的元神是隻狐狸，那個人的行為舉止真的就像狐狸。我也看過某人的元神是太極，但不是一邊白一邊黑，而是銀白銀灰很漂亮，也呈現出一個道教的太極真人模樣，那個人真的很善良。

「我先生同事的家裡，還有一位從日據時代就在那裡的靈魂，同事小孩約1歲多，每次走到後面書房，就會叫阿姨，同事也一直感覺到有個人在那裡，便找我去看。果然，真的有，而且還告訴我她是日本時代死在這裡的，她個性很柔順。我沒有功力超渡她，便叫先生的同事唸阿彌陀經，我發現她有聽到，那個女靈魂有注意在聽。

「後來有一次我和朋友到龜山一個寺廟參加一日佛七，使用自己的元靈和那位日本小姐溝通，問她要不要來這裡，結果日本小姐的靈有到這個寺廟來，我要走時，跟日本小姐溝通，對她說什麼時候承天禪寺也有佛七，妳也可以去，然後我就走了。

「後來，承天禪寺佛七時，我去了，看到那位日本小姐已到了，已在四樓，我趕快跟師父講，幫她立個牌位，寫上某某人家裡的冤魂，因為不知名字。後來，我下午要回家，便用心靈溝通，問她要不要回永和，那位日本小姐

說不回去了，要留在承天禪寺。果然，先生同事家此後就不再感覺有人，小孩也不再到書房叫阿姨了。

「有一天我在家中打坐，將廣欽老和尚照片擺在前方，他的開示錄也擺在前面，然後開始打坐，發現我已到達另一個境界，到另一個地方，第一關看到一個能源體，自我介紹是廣欽老和尚，第二關是釋迦牟尼佛，我稱祂為釋尊，自己也覺得奇怪，從來沒這樣稱呼過。

「後來，我到了太陽星球，可是不很熱，不是平常看到的太陽，我知道自己的源頭在那裡，是從那裡來的。同時我聽到聲音，力量很強，無法形容，慢慢的一個字一個字發出『天……才……子……童……子……心』，那個力量很震撼人心，對我講這幾個字。那個地方很美好，絕對不是這個世界，也很清楚地讓我知道宇宙的力量。

「我回來以後，那種氣氛還在，和宇宙溝通的感覺還在，我站起來沒打坐了，但聯繫還在。後來又讓我看到有兩位研究天文的學者，手上各拿一支測宇宙波的東西，但宇宙力量對我說這兩人很笨，宇宙力量應該要用『心』去了解才對。」

也是宇宙的安排

「幾天後，我上山找師父，結果師父恭喜我，並拿了你的書給我，要我來找你。呂老師，當時，我不知道有你這個人，也不知道要怎麼找你。幾天後就在報紙上看到你的書的廣告，才問出版社你的電話。就是這麼巧。」

我說：「不是巧，宇宙間任何事情都有其安排。」

何小姐說：「我吃素的原因是力量告訴我，心才會淨，可是我喜歡吃海鮮，沒辦法做到吃全素。就是阿金過世那一次，我到殯儀館時，別人沒聞到，我卻聞到肉壞掉的臭味，很難聞，當天回去便吃不下了，就感覺肉就是那種味道，但海鮮就沒有這種味道，其他各種雞肉、豬肉、牛肉、鴨肉等等肉類都很難聞。

「我沒有完全吃素，也吃些海鮮。有五、六個月完全吃素，發現打坐進步一大截。現在我不用打坐，隨時靈性都會出來。我也參加過不少坊間一些宗教團體，很多地方，但發現他們都很執著，便離開了。」

我說：「妳說的確實如此。當代宗教團體都很執著，唯有不執著於某種相、某種說法，方能覺悟。」

何小姐說：「不管什麼宗教都很執著。到現在，宇宙間的神奧我知道了，但沒辦法形容說出來，因為我只有中學程度，不會用很多語詞表達，但是，看書可以知道所寫的是真是假，我也不看佛經，太深奧難懂。」

她先生補充說：「有一天她對我說起外星人飛碟的事，之後又知道你研究飛碟！」

何小姐說：「我知道飛碟是有形的，是人心的象徵，有生命有靈魂，怎麼形容呢？一種力量，也不像……」

我說：「能量。」

何小姐說：「對，能量，跟我們人的能量源頭一樣，我剛說的太陽星球，外星人和地球人都是同一個源頭，因為地球人太好奇，所以才呈現給我們看。它們具有童子心，跑到這裡來玩。我很清楚的感覺到外星人具童子心。

「有一天打坐領悟到什麼是『空』！我告訴妹妹，如果妳執著在一樣東西，會影響到死後的靈魂，肉體上一切的感覺到死後統統都沒有了，是一種

空，只留下靈魂。人在世執著時，就會發出願力，本身不知道，但願力會累積很深，到哪一天要離開肉體時，願力還在，就會執著，會痛苦，有人持續幾天，有人持續幾十年，就是癡、執著，捨下一切才是空，才能超脫。

「信宗教就是讓人有目標、有定點，臨終時才會安定，有定點、不恐慌，有宗教目標，所以人有必要信宗教，但也要了解宗教是外在的，不可執著於宗教，要認清目標。譬如臨終時心唸著阿彌陀佛西方極樂世界，也是一種願力，是好的。我也在思考，人的貪嗔癡，為什麼死後都不見了，我還在找答案。

「目前我已知道怎麼來這裡，我的源頭在哪裡了。也知道任何有金錢交涉的宗教行為，都不是真正修行的人，也不是找真理的人。」

我的一些詮釋

何小姐一連說了四個小時，也用掉四盤錄音帶。將她數年來通靈的經驗詳細的道出，這是一個非常好的通靈個案。

我問她：「妳來找我，純粹只是承天禪寺的法師要妳來，妳就來了？」

「是的」，何小姐說：「我也不知道要問什麼？」

我笑笑：「也沒錯，一般人都不會知道要問什麼，這是正常的，不過妳們既然來了，我就把幾個觀點提出來，大家參考參考。」

我接著說：「首先，妳只有國中程度，所以思想單純，不複雜，較無心機，也比較不會受龐大的訊息汙染，因此妳能直接溝通，這在各國的通靈個案中，也大多如此，一定是思想單純老實純樸的人才是被選擇的對象。

第二，妳原來信天主教，後來改信佛教，但並沒有正式皈依任何教派，

也去尋找過很多教派，表示妳先天不執著，只有不執著的人才能有寬大的思想，才能找到真理。因為，任何宗教的教徒若是一心執著於自己的教派規定，便會對其他教派產生排斥心，會將自己的意識弄狹隘，自以為是，就會和宇宙真理越行越遠。

第三，妳會來找我，是承天禪寺的師父讀過我的《大神秘：靈異現象科學觀》這本書，可見，這本書的內容是正確的，有啟發性也具有引導性，同時也顯示出被師父認同的可貴。

第四，任何有金錢交涉的宗教行為，都不是真正的修行。這一點非常重要，環顧當今台灣宗教團體，有數個就是以金錢多寡做為信徒階級的標準，絕對不是正派宗教。

第五，很多教會祈禱所溝通的「聖靈」不一定是高級靈，教徒以為加了一個「聖」字便是上帝、基督、聖母，那是錯的，其實常來的大多是低級靈。道教的溝通也是一樣，一般神壇所通的都是低級靈。

第六，其實宇宙真理全寫在佛經中，不是在《聖經》中，《聖經》早就被西方一些統治者如君士坦丁大帝等人修改過，刪去不利於統治的句子，所以，可以說現在的《聖經》已不是原貌，若還在死抱著《聖經》迷信下去，將來信仰會破滅的。

很多年前，已有靈界傳訊告訴我，人類到了二十一世紀，宗教就會發生質變，這不是聳人的聽聞。陳神父原是一位英文老師，他也不看《聖經》，卻成為了神父，而且他講佛學道理，一般人會覺得他離經叛道，但是在我的認知裡，陳神父才是一位了悟真理的人，如今他去美國隱修，和外界失去聯絡，應該說陳神父真正找到了自己，找到了靈的源頭！」

何小姐在天主教中找不到自己追尋的答案，就離開天主教。表面看來她

走偏了，會被以前同禱會的兄弟姐妹批評為「被魔鬼引誘」，其實，完全相反，何小姐才是走對路。她能從迷障中走出來，才能找到自己靈的源頭。

她以前那些教友們，如今找到了嗎？把一切神異事情歸於「天主恩寵」四個字，實在是太不用腦筋了。

世界不只一個，宇宙是無限的，是多重的，何小姐曾到那個境界，感覺很好，很和樂，沒有男女相，互相尊重。她確實是到了其他的時空，佛家所說的「三十三重天」的確存在。

何小姐有佛緣，所以天主教無法滿足她的尋找，在上天的安排下，她的老闆介紹她到承天禪寺，這是她的緣，也在那裡才能進入宇宙堂奧。

承天禪寺的方丈要她只唸「阿彌陀佛」，天主教的陳神父也只唸「耶穌聖心」，何小姐會比對二者間的巧妙，可見這是正路，同時也指出用嘴巴唸經並不正確，用心去唸、去悟，才是正途。

由於何小姐已能和宇宙力量直接溝通，所以她能看到別人看不到的靈魂，可以知曉死人生前的狀況，可以和日據時代就存在的女靈溝通，這些通靈經驗並不稀奇，世俗中不少人也會有。但重點是，何小姐本身不是修行人、不是乩童、不是靈媒、不是坊間神壇、也不是宮廟人士。當時她只是新北市政府某單位的雇員而已，她的修只是「靜心」，也沒唸任何經文，和市面上有宗教色彩的通靈人不同。

這一點相當可貴，同時也告訴大家：不用辛苦地去外面尋求任何的宗教團體，自己靜下心來內省才對！然而，我多年來就看到不少人向外東找西找，花了很多錢，仍然沒有找到。

何小姐帶著承天禪寺一位師父交給她的書來找我，可是，我迄今還沒去過承天禪寺，只憑一本著作，就做了很寶貴的溝通。

　　這讓我想起 1994 年去北京時，一位通靈女士遇到我，表現很高興，她說她在另一位朋友處看到我的書，手拿起來就感覺有股很強的能量，數個月後竟能見到我，很高興。

　　這兩件事令我驚喜，我自己不知道所寫的書竟然會有如此強大能量，會讓新北市的法師和北京市的通靈人欣賞，也許沒有別的理由，宇宙高靈將真理傳給我寫出來而已。

　　何小姐來找我，也代表了我更應虛心的將傳訊心得公諸於世，幫助更多人知道真實的宇宙文明訊息。

　　要了解研究宇宙文明訊息必須要用心去「悟」，而不是用任何科學法則來衡量，也不是迷信任何宗教就能獲得。任何人若跳不出這個思想框框，陷入凡間的宗教，是無法得到宇宙真理的。

　　何小姐並不是依靠學習、修行和外在知識的獲得，就能通達宇宙奧秘，而且，所知的均超過她的知識領域。

　　於是我繼續將自己多年來的心得和想法一一向何小姐及林先生說明，希望能幫助何小姐尋找到答案。

宇宙真理是超越宗教的

　　談到宗教戒律，我說：「大部分世人的資質均屬普通，無法一時領悟精妙的宇宙真理，因此宗教界才訂出一大堆要人遵守的戒規，有早晚課，還有其他，其目的就是在規範信徒尋找內心的方法。可是一般人誤認這些外在宗教形式很重要，只知每日死守這些教條，以為如此才是正確的，其實錯了。」

　　他們忘了「內在」求心，只做到「外在」形式，所以大多數宗教信徒內心並未了悟，只用身體守規定，只從經文上得到知識，得到信念而已。因此把「修行」變成「修形」，只看外在穿著與合十的雙手而已，這是沒有用的。

　　真正的宇宙本質和真理是超越宗教的，它不屬於任何宗教，宗教只是世人探尋宇宙真理的不同方法，而非目的。

　　東西方不同地區的宗教，說簡單一點，就是不同時代、不同地區一些悟道宇宙真理的先師們，用當時的語言說給當時的人聽。由於地區差異和時代差異，同樣的宇宙真理被不同的人用不同的方式講出來，就成為不同的宗教了。

　　大家要知道，二千五百五十年前並沒有現行的任何宗教，孔子、老子時代也還沒有道教、佛教、基督教、天主教等，宗教派別是後世發展出來的。

　　宇宙訊息不是起源於宗教，而是遠比宗教更為古老的「存在」。所以，談到所有的靈驗，不要落入宗教的框框之內，必須要超越宗教。

　　語言是無法完全形容及表達宇宙真相的，所以會有無法形容的感覺，那些東西方先師們也一樣，他們悟道了，試圖用當時的話來描述給弟子聽，所以常用比喻，經文上也用了很多比喻。宇宙的本質、真理或真相，在東方稱為「道」，在西方稱為「福音」，在佛教稱為「法」，其實都一樣，都是宇宙的內涵，宇宙的存在。真正說起來，佛學經典包含了完整的宇宙真相，可惜連佛教徒也無法讀通，更不用談其他宗教或是一般人了。

　　《聖經》所說的「啟示錄」時代已經來臨了，「啟示」不是指世界末日，而是指「揭示真相」，也就是說二十一世紀以後是揭示真相的時代了，所以才會出現《聖經啟示錄》所描述的種種天災異象。大多數地球人無法理解這些，所以能得救的人是少數。許多信教的人，越是執著，以為自己很虔誠，到時候真相揭示了，卻反彈愈大，越不能接受，因為他們的虔誠是一種迷信！

現代要有新的詮釋方法

何小姐補充師父曾經說過的話：「也許現代已不用佛法了，現代的知識分子可能要借重你們新世紀的表達方式，才能滿足他們。」

沒有錯，任何宗教傳太久之後，總是加入非常多後人的看法，來詮釋以前的句子，一代一代的加入更多人的個人經驗，沒有講到宇宙本質，都是講人世間的事，於是越走越偏。

東西方任何宗教都是如此，人的因素越來越多，宇宙本源越來越少，所以，宗教都偏了，必須用現代宇宙生命科學來認知才對。讓現代人重新理解宗教，賦予新的生命才對！

因此，「啟示錄」有兩種意義，說末日也對，對那些思想執著的人而言是末日，因為有毀滅才有重生，就是要經過末日毀滅，摧毀掉錯誤的舊法規，才能迎接正確的新觀念。

在未來，不相信此訊息的愚鈍眾生會被淘汰，只留下能悟的少數眾生而已，人口數約為現今的三分之一，其他三分之二的人都會在末日時被毀滅，而留下來的人將開創美好的千福年。

這個人類要死亡的數字在《聖經》中是寫「三分之二」，在佛經中是寫「十之六七」，這種共同性已經明確告訴我們未來的殘酷事實。可惜，兩種宗教研究者沒有交集，他們互相之間都不知對方的經典寫著同樣的事件。

目前地球人口75億，若是毀滅掉50億有何不好？我於上世紀七、八〇年代在各地文化中心演講《聖經》的真相及飛碟外星人時，也談到這個死亡三分之二的主題時，當場就有人舉手發言反對，說這樣不慈悲、不博愛。

是的，如果光以地球的角度來看，死亡50億人，確實非常殘酷，非常可

憐，大家都希望不要發生這種事件。然而，從宇宙的角度來看，地球眾生死亡50億人，只是他們的靈魂脫離地球肉體而已，每個生命並沒有消失，而是轉移到另個時空，繼續存在。

　　就跟我們在海邊沙灘上，在甲位置掬一大盤沙，走到乙位置把沙倒下去。可以看出，甲位置凹了一個洞，沙少了。而乙位置凸了出來，沙多了。地球上的人口數就如同甲位置，減少了。但是，對整個宇宙沙灘來說，生命的總量還是一樣，不增不減。

　　再深入想想，如果地球人口只剩25億，那麼諸如空氣汙染、水資源缺乏與汙染、環保問題、能源問題、氣候變遷、糧食問題等等一切地球目前遭受的惡劣現象，全部都自然解決，自然消弭，變成一個純淨的地球，對活著的人來說，這才是美好的。

　　每個星球就是一個道場，有它固定的容納空間，就像一個房間，只能容納20人，若擠進40人就會很令人難受，表示這個空間已承受不住負荷了。因此，人類未來如何，都是天命，是宇宙規律。

　　當天五個小時中，我們得到很多啟示，如《聖經》的真義、佛經的科學、人類的未來、地球在宇宙時空中的地位，以及靈界的架構，似乎又離靈界真相近了一些。

9

宇宙高靈「古 Mur」的危機警訊

2016 年 9 月 1 日下午，我的手機 Messenger 突然收到這樣的文字：「關於量子力學接收宇宙能量，身體和腦得承受 2 萬赫茲高的磁音波，必須習慣無我的生活。」

不知是誰傳來的，我看看之後，不予理會。

9 月 15 日中午又寫過來了：「冥……沉默動力者……氣、水、靜，為主食。無我……所以沒有生死、沒有恐懼。」看不懂，也不予理會。

10 月 6 日中午又寫來：「沒有太陽黑子，地球、行星從沒有繞太陽。東北西南各有太陽一對……地球不斷向東北移動，遠距西南太陽（人看得見的），欲拉近東北太陽（人看不見的）。」這是打破今日天文學的認知的言論，竟然有兩個太陽，一個是人看不見的，這如何理解？

10 月 22 日中午傳來：「平面思維創造平面宇航技術，加上焦躁的發表，星外高人如是只會笑笑不置評。」確實，現代人都是平面思維，無法置評。

但是看到「平面宇航技術」這一句，我深入思考，確實如此，雖然我們是在三維空間內，但是，所有的飛行器都是直線飛行，也就是一維飛行，所

以，要飛出太陽系，必須花費很多年時間。這個訊息帶來很有高度的思考，因為我研究過天文學，具有深入的學理基礎，此時想到如果是用非平面飛行，那麼就是跳躍飛行，或是空間彎曲的飛行，那麼剎那間到達其他星系，就變成可能的事了。

11月2日中午又寫來：「用感官認知無法解讀宇宙的基本音……身心欲追求什麼深度、音律，就接受什麼音頻……誰能控制誰？連宇宙本體都不能控制人類。」「接受音頻」也正是我與朋友合營的台灣全我中心當時在推廣的頻率療癒觀念。

11月5日下午寫來：「『369宇宙波洶』朝東北倍數前進，所有無形有形生命體跟著躍進（包括人類）。宇宙生命都有振波密碼，有名有號，不需要飛行物，啟動『靈光念力』想去哪就去哪，與科學、佛、基督無關。外星高人如是，知此言。」

這裡談到3、6、9。我知道這也是尼古拉・特斯拉說過的，是一種宇宙密碼，只是人類尚未知曉。他說過：「如果你了解369的美妙之處，你就擁有通往宇宙真相的鑰匙。」不過特斯拉的這些主張並沒有被多少人關注。

現在這個訊息也提出369，其背後的因素是什麼呢？有人說：「369是宇宙神性密碼，是開啟內在神性智慧的鑰匙，當我們通曉越多神性知識，就越能連結神性源頭，369數字學是啟動智慧與靈性連結的樞紐。」真是神奇！

11月9日中午：「精英主導這環海陸地領域必須誠實，學會尊重……30億年靈光高人的用心良苦，至今都仍存在，而且仍在開創中的文明不能用死亡毀滅的認知來解讀……2018拉回反向能，2019圓滿所有生命工程……從沒有毀滅循環的宇宙機制，科技精英何不親自跳進自創的大強子對撞機，自比為夸克、上帝粒子，對撞一下，就知曉夠不夠誠實。」

14 日下午：「把戰鬥、對立、恐慌拿掉，一切都很單純的⋯⋯這裡不叫地球，也不叫太陽系，不是銀河聯盟⋯⋯什麼的，你我也不叫外星人，30 億年來都來自同一個領域、不同的本質，各有使命，一切都很簡單。」

12 月 2 日：「不必活得如此辛苦，進化論拿掉，就不用相信碳 14 的放射衰退期是五千七百三十年，不需用上一顆鑽石電池，把一百億年、四十六億年、三十億年，所有時間年表和 2016 放在一起，站在宇宙意識年表算：生命萬物仍在宇宙剛出生的十分鐘之內⋯⋯」

當天傍晚又寫來：「老師該是想知道碳 12、碳 14、DMT 等靈性分子如何換算宇宙元素、宇宙密碼吧！能說的，但人必須拿掉人的認知。『祂和祂』不叫宇宙、不叫造物主⋯⋯過些時候再說吧！」

經過三個月，我都沒有回覆，此時寫來「老師」這樣的稱呼，我嚇一跳，這個人是誰？何以寫這麼多訊息給我？

這則訊息中的 DMT，也正是我當時在研究的。某些北美及南美巫師要通靈時，會吃一些含有 DMT 成分的藥草，來達到通靈。它是一種自然產生的色胺和迷幻藥物，科學家發現不僅在許多植物中都有，在人體內也含有微量，主要由大腦分泌產生，但在人體內的自然功能仍未得知。

美國專門研究神經藥理的精神科醫師斯特拉斯曼博士（Rick Strassman）把 DMT 稱做「靈性分子」（Spirit molecule）。他認為 DMT 只是影響大腦的接收訊息能力，而不是造成大腦產生任何幻影。他的研究小組還認為 DMT 可以使我們的大腦接收宇宙暗物質的訊息。

今天這則訊息的含金量真是高啊。

12 月 5 日寫來：「人的身體絕對能接收受 1800 赫茲頻率，到 2 萬赫茲頻率就有自癒能力⋯⋯陰極光的磁化能量提供的是『知曉、狂喜』的感悟連結。

治癒身心屬另一種『默化能量』……以上是類比文字述及『默化能量』，還沒
想到該如何解釋。」

第二天寫來：「從『默化能量』裡找不到戰爭、癌、病毒、毀滅……等
密碼。勉強可歸類為 44 密碼，解為『激進』，其所對應的密碼是 33，解為
『慈悲』。

「別誤解『激進、慈悲』，不是意識形態，是動能，在源出生命定理中，
『激進』是內縮，『慈悲』是外張，如此才能達到平衡、恆存……人類現世大
家都依此理生存，三千三百年來人類光體不再有密碼，把『外張慈悲、內縮激
進』變成了『外張激進、內縮慈悲』，完全用反了，這是很嚴重的錯誤。

「『癌、戰爭、病毒、貨幣、恐懼、死亡』都無法被默化能量編列密碼，
表示它們是被某種目的創造出來的暫時現象。其實很簡單，把『激進、慈悲』
轉回來，這些現象就消除了。」

剎時，我覺得這一則訊息非常重要：

一、人的身體到 2 萬赫茲頻率時就有自癒能力。而治癒身心屬於另一種
默化能量。

二、「激進、慈悲」，不是意識形態，是一種動能。「激進」是要內縮，
「慈悲」是要外張。三千三百年來，人類用反了，變成了「外張激
進、內縮慈悲」。

三、「癌、戰爭、病毒、貨幣、恐懼、死亡」都是被某種目的創造出來
的暫時現象。把「外張激進、內縮慈悲」轉回來，轉成「內縮激進、
外張慈悲」，這些不好的現象就能消除了。

這一條最重要的是提出「激進、慈悲」是動能，這一點讓我思考了很久，
更重要的是，所提出的「激進是要內縮的，慈悲是要外張的」，看看現世，正

好相反，人類用錯了，所以出現一大堆癌症、戰爭、病毒等等。這個訊息太有價值了。

19 日訊息又寫：「『內縮激進、外張慈悲』就能轉化成自由滿足，這是優顯光的潛規則。人類的本質就是自由、滿足，如果反用『擴張激進、內縮慈悲』就會造成弱化現象，再操作就弱化成死亡、毀滅、戰鬥或疾病……這是三千三百年來的現象。」

提了兩次「三千三百年來」，也就是公元前 1280 年，那時是商代青銅器全盛時代。也是著名的埃及拉美西斯二世的時代。難道有另外的意義？

整個訊息寫了一整年，我也不知對方是誰。

有一天，對方寫過來表示可以見個面，於是我們就約在台中高鐵站見面，也終於知道對方了，原來是我在南華大學開授「生死學」時，來旁聽的一位社會學研究生。但是，對方強調不能在任何出版品裡把她的名字寫出來，她關注的是提供訊息讓人類思考。

12 月 23 日：「這地表不是人類出生的第一現場，早在六十億到三十億年前，其他『磁化』星體就已誕生光體人類，經歷『默化』，地球人類所以在三億年前出體，不是因為這星體落後，相反的，她是一個偉大的星體，有特殊的使命，至今仍在磁化中。

「2029 年，地球星體將完成磁化，『陰極光磁化能量‧靈極光默化能量‧優顯光優化能量』與星體必須『磁化』。光體人類必須『默化』，雖然面相很廣，但很單純的。

「老師是更遠久的高靈之師，但應該是有興趣回到人類出生現場，老師很清楚的，那裡絕對沒有小灰人、爬蟲族、螳螂般異類，美麗的宇宙星際找不到那麼醜陋可怕的基因，對那些高靈祖先太冤枉了！」

　　說實在，整部訊息內容迄今都保留在電腦內，但是看不懂的地方太多了。裡面也有不少篇幅說到我自己的角色，在此不表。

　　12月28日的訊息值得在此提出：「高靈祖先把1990年後出生的孩子靈光體調整基因，2002年後出生的孩子靈光體全部具有消磁基因，具高振頻波扣緊身心，使新生代孩子回歸追求自我……那舊一代人該如何？地表有個療癒門得打開，因為也該讓新生代青年了解真正的宇宙或星際全息。」

　　這正是我所了解的，1990年後的孩子都是靈魂層次非常高且古老的，稱為 indigo 小孩、靛藍小孩或水晶小孩。他們是新一代的地球人類，「孩子靈光體全部具有消磁基因，具高振頻波扣緊身心」，所以，他們的行為會被不懂的醫師與父母稱為過動兒、自閉兒等等，然後逼迫他們要符合社會規範，要長期吃精神疾病的藥。

　　在此，懇切告誡父母，如果你們有這樣的小孩，不要傷心，不要認為不正常，不要送他們去醫院治療，這只會害了他們。他們是具有高靈光、高智慧的未來小孩，他們才能了解真正的宇宙星際訊息。

　　當天又寫給我關於我的訊息：「老師若遇以下狀況請勿吃西藥：1. 像年輕人愛戀般悸動，日夜有所思，請歡喜並接受這種心緒，它不會影響白天精神。2. 腦中、身體溫度高，感受電磁茲茲聲，有時會輕咳，請平常心視之，幾日後會適應。

　　「平衡緩解方式：1. 想到就喝個小蘇打粉加水，或果醋加水，不需固定，不必天天喝。2. 選一把劍，金屬製的，練自己想要的招式，越慢越好，不侷限時間，不必天天練，只要練『心劍合一』就能平衡高溫高磁。」

　　2017年1月9日：「請老師相信您根本無癌，那只是一場度人的體驗。」看到這個訊息，我嚇一跳，正與我自己認為的一樣，我早就相信上天於2000

年給我罹患癌症，不是要把我收回去，而是要讓我親身體驗治療癌症的痛苦，然後寫書幫助更多人使用正確的方法回復健康。

訊息又說：「現在請做兩件『重新活化細胞』的功課，要保您安康。您已有很完善的身心靈調息：

1. 請放開感情，回到年輕時的戀愛心，有相思、有感動、有情懷、有浪漫、有願景的高靈本質。

2. 放音樂、舞劍，讓劍磁與心電合一，直到暢流全身，甚至還會感動淚湧，您的頻波會拉高，然後沐浴。

3. 鹼性有靈磁元素，包含小蘇打粉、果醋、綠豆、牛奶、濃湯，少許自製鮮豬油加鮮蔬油烹調食物。

「老師若想靜養為人，讓後人去完成『開門』也很好。所有『宇宙、生命全相』已在編撰中，以後能與老師面對相談的是具有深幽『古 Mur』基因記憶體的人。

「老師啊！千年來我很低調守護您，單純完成該完成的，不想擾人，日後唯有您能與 Marta 連結，請保護她，所有宇宙過往、未來、起源都由她記錄，要交給您。感謝您，最愛的高靈導師，我是 Mur22542。」

這一則讓我淚湧，觸動我內心最深處、無法告訴他人的情感。是的，我要重新活化細胞，在地球上做更多的事。終於我知道是 Mur22542 的傳訊了，Mur 是以星體光存在。

2017 年 1 月 11 日：「老師，我是 Marta。連日來感受到老師的疑惑，但又不放棄我，甚是感動，過些時日會以量子纏結解釋我和 Mur 的關係，先解開您的疑惑，我雖有人的身體，但五十年來處在隱居狀態，因為必須在 2017 年完成記錄工程，再者我有念力效應和特殊高磁，已習慣隱居安靜。

「請老師相信連月來您所面對的都是真實的，不要用當下物理、社會習性來了解，請用高靈師者的視野，相信老師也能以超然智慧正視我，您盡可以直接問任何問題，包含我現在執行什麼？我如何與那些高靈互動？……我和祂們都很敬愛您，請老師勿把我公開，我也不接受其他人的詢問。」

兩年來的訊息非常多，足足將近 10 萬字，但是沒辦法整理出來，一方面很多訊息太超前了，二方面有很多訊息看不懂。現在只舉二則與人類存活有關的主題，曾經在 facebook 上發表的，敘述於下：

HAARP 造成的危害

訊息寫來：「你們會不會疑惑，全球漸漸暖化、天災越來越多、病毒無法控制、人心負面恐慌、人人精神恍惚……等如同末日降臨的種種現象，是怎麼來的？事實上，都是軍事強國所架設的 HAARP 在作亂，他們要控制地球與全人類命運。」

針對 HAARP 這個名詞，我 google 一下，維基百科上寫道：「高頻主動式極光研究計畫（High Frequency Active Auroral Research Program，縮寫為 HAARP），這是由美國空軍、美國海軍、國防高等研究計畫署及阿拉斯加大學所共同合作的電離層研究計畫。HAARP 計畫在阿拉斯加加科納設立一個由美國空軍負責管理的研究設施，被稱為『HAARP 研究站』。」

訊息說：「HAARP 是靈性之痛，利用射頻聽覺效應、紅移巡天數位來製造災變、病毒、輸入外星入侵訊息，能在氣場中造成負面逆磁波，加強人腦中負面恐懼、無情、打鬥情緒。但是，這種高頻架設有很多弱點：

　　「一、抄襲特斯拉筆記設計，只懂二分。

　　「二、引接大氣電離層，而你們科學家對地球大氣的認知是死笨的假設，沒有真的去了解，所以每發射一次高頻波只能維持十五至二十分鐘，要不斷耗材耗能去發射。

　　「三、強權架設這些都使用耗資耗材鋼鐵，大量軍用稀土，粗糙濫用，不能持久，只會引來大地反撲。

　　「四、人體、人腦、人心靈是經過完美的設計，有自我清醒能力，能讓你控制暫時，但無法永遠控制。」

　　看到這些，我大為驚訝，如此龐大的殺傷力設備，竟然是美國搞出來的？

　　維基百科上面也有這樣的敘述：「陰謀論：雖然美國政府始終強調 HAARP 的用途只限於純粹的科學研究，但仍然有許多個人、團體組織，乃至於其他國家的政府單位都抱持懷疑的態度，認為美國進行 HAARP 研究，其背後有隱藏的動機。

　　「該計畫可能是為了進行氣象戰而進行的研究，除了是造成許多嚴重天災的元凶外，甚至會導致地球毀滅。特定波段的電磁波可以加熱電離層，使其往上升，電離層下方的空氣也會湧入並改變氣象。若應用於戰爭目的不僅會帶來嚴重的後果，更是難以確定災害是自然的還是人為的。」

　　這樣的質疑正與 Mur 的訊息一樣，Mur 又說：「了解真相的人都知道它比核彈還厲害，是無影殺手。歐洲和俄羅斯也曾經一再指出 HAARP 系統的危害性和巨大破壞力。能夠改變地球磁場、產生地震、形成極低頻電磁輻射控制人腦、設置太空防護屏障等等。」

　　我繼續搜尋，發現早在 2007 年 12 月 14 日，西班牙《起義報》已經刊出長篇報導「氣象戰：警惕美國的軍事試驗」，提到美國空軍設在阿拉斯加半島

的「高頻主動極光研究專案 HAARP」及其負責人伯納德‧伊斯特蘭，正在全力推進的氣象戰，存在使地球被毀滅的危險。」

這篇報導又說：伊斯特蘭和七名軍官，向五角大樓提交了一份題為「讓氣候成為一種力量倍加器——2025 年掌握氣候」的研究報告。報告中指出：「氣象戰技術將在今後 30 年裡逐漸成熟，它將使美軍擁有改變氣候的能力……屆時，美軍將能透過實施人工降雨，使敵軍陣地遭洪水肆虐；製造乾旱，使敵人淡水匱乏；製造颶風，使敵國城市變成廢墟；利用雷射製造閃電，以擊落空中的敵機或使其無法起飛；利用微波把熱量傳到大氣中，干擾敵軍的通信及雷達系統……」

如此恐怖的研究正在進行中，然而全球人民似乎不知曉。2017 年，透過宇宙高靈的訊息，我也才知道美國正在進行如此殘酷的計畫。一方面感謝宇宙高靈，二方面也只有祈禱全球人民能夠有越多的人知曉美國的陰謀。除此之外，我也無能為力。

開採可燃冰與地球大危機

第二個大訊息是「開採可燃冰」，同樣的，我當時也不知什麼是可燃冰。

那是 2017 年 5 月 29 日的訊息：「必須與老師討論中國在南海開採可燃冰『甲烷』的危機。以及台灣大屯火山與嘉義梅山斷層。如果老師的星際文明研究第一線訊息，應該要掌握的是這個。」

這個時候，我還不知道有「可燃冰」這東西，便回應說：「先說明什麼是可燃冰？」

　　訊息回覆：「可燃冰就是量子晶洋體，所有海洋底層都是可燃冰體，台灣島整座底層全是可燃冰。

　　「中國要在台灣西南東南開挖可燃冰後果是……可燃冰，等同宇宙暗能量，一旦開挖，全世界經濟大國都會挖，會造成所有火山爆發，海洋河湖成為火海，而地球本身為了降溫，會瞬間冰封陸地。」

　　於是我又趕快搜尋「可燃冰」，原來可燃冰簡單講就是甲烷氣和水組成的固態物質，一種天然氣水合物，外觀看起來像冰塊，點火可燃，形成冰水火共存的奇特現象，稱為「甲烷水合物」，俗稱「可燃冰」。

　　科學界認為甲烷氣是相當潔淨的能源，燃燒後排放的廢氣也很少，二氧化碳的排放量比煤或石油低，所以被認為是二十一世紀的新興能源。

　　訊息又說：「所謂冰水火相容，就是『液態火海、固態冰晶』，這會回到 40 億年的原初地球狀態，一帶一路開採天然氣也就算了，人類不能為了經濟與軍事而胡亂做，中國現在做什麼都會帶動大家搶著跟進，這沒有時間表，發生都在瞬間。

　　「如果老師想發表這個訊息，包含可燃冰開發危機，請老師不必承擔責任，就以宇宙訊息 22542Mur&Marta 發佈，讓我和宇宙意識來承擔，因為連美歐物理學界都搞不清楚我們現在所探討的。」

　　我知道這個訊息又涉及人類的存亡，非常重要，必須要發佈。

　　「可燃冰是宇宙可見的能量，地球是冰火相容晶體，露頭在台灣的這島和海底的可燃冰層相連，台灣也是一座大磁場。2017 年開始吸收所有宇宙與地球本身的能量，在這裡交會。」

　　我想起新聞曾報導一位荷蘭科學家，測得台灣是世界能量最高的地方，在台北南港公園散步一小時等同在歐洲森林浴一個月。台灣實在是一個寶地。

而由中央大學主導的兩項國際合作計畫發現，台灣島的面積雖小，但中央山脈底下卻有著非常深厚的山根，和北美洲西部綿延4500公里的洛磯山脈之山根接近，比橫跨歐洲多國的阿爾卑斯山之山根更深！

訊息又說：「事實上可燃冰是活的，能與敏感的人共振共鳴，是能被引導跟著人的磁性體跑。

「重點就在這裡，如果台灣就是一座暗能量場，它是能跟著人的磁性走的。然而，資本霸權式的政治體不管哪一國，換誰做，都時時防止著人民覺醒，隨時對抗自然大地能量。但是，宇宙能量的思維模式不會隨這些霸權科技起舞或一網打盡。」

我想我應該寫一篇可燃冰相關文章，於是又勤奮搜尋，發現民視新聞已經報導過：「綠色能源可燃冰、台灣蘊藏豐富。您知道冰也可以燃燒嗎？長在海底大陸的冰塊，一點火就可以燃燒，稱為可燃冰，是一種相當乾淨的能源，台灣西南海域蘊藏豐富，帶您一塊來了解！」

又發現《科學人雜誌》在2015年有一篇〈解開可燃冰封印〉的文章，提到「稱為可燃冰的甲烷水合物能解決世界能源課題，還是讓全球暖化火上加油？科學家和探勘機器人在全球海洋忙得團團轉，想深入了解甲烷水合物的形成機制與物化特性，並對開採進行審慎評估。」

我又搜尋不少資料，科學家發現在地球上許多大陸邊緣海域的沉積物底下，甚至陸地上也有可燃冰的存在，全球蘊藏量保守估計有2萬兆立方公尺，為天然氣的2至10倍，比現有油氣資源規模還大，可供全人類使用一千年。

台灣經濟部中央地質調查所也自2004年起就投入可燃冰調查研究工作。2013年《天下雜誌》528期刊出「開採可燃冰還在等什麼？」談到台灣西南海域蘊藏約2.7兆立方公尺的可燃冰，開挖出來可使用二百七十年。

　　2016 年經濟部也發佈〈地質調查新趨向：台灣海域可燃冰調查〉。中油強調，台灣能源多倚賴進口，可燃冰能夠提供台灣掌握自有能源的機會。

　　不過科學界早就知道甲烷是一種很強的溫室氣體，對大氣的暖化威力比二氧化碳強 23 倍，同時也是一種極易燃的氣體，只要釋放十分之一就可毒害全人類及生物。

　　我又搜尋到 2008 年 7 月遠流出版公司部落格上有一篇〈「可燃冰」是能源危機的救星？〉寫道：「可燃冰層決定了海底沉積物的物理特性，直接影響著海底的穩定性。它在一定的壓力和低溫條件下是穩定的，一旦破壞了這樣的條件，就會造成可燃冰的解離，同時可能造成地質災害。

　　「甲烷的溫室效應比二氧化碳要大得多，開採可燃冰將有大量甲烷氣體釋放出來，進而對氣候產生極大影響。所以，陸緣海邊的可燃冰開採起來十分困難，一旦出了井噴事故，就會造成海嘯、海底滑坡、海水毒化等災害。」

　　以前我根本不知道「可燃冰」這回事，現在知道了其危機，就必須讓更多人知道。這是身為人道的知識分子的責任。所以，開採可燃冰不是解決能源問題，而是使人類面臨毀滅的問題。

　　因為科學家已經發現，有數以百萬噸計的甲烷氣體正從北極冰床底部及西伯利亞的永凍層中釋放到大氣中。在六億多年前，就是因為大量的甲烷從冰層和海洋釋放到大氣中，所以才導致嚴重的暖化和物種滅絕，並造成超過十萬年的混亂氣候。

　　科學界只會用唯物科學知識的礦石結構來分析可燃冰，不知道可燃冰等同「宇宙暗能量」，那是碰不得的，一旦全世界經濟大國都開挖，會造成地殼內部不平衡，全球火山會爆發，海洋河湖會成為火海，而地球本身為了降溫，會瞬間冰封陸地。

　　這會使地球回到四十六億年前的原初狀態。

　　宇宙高靈 22542Mur & Marta 傳訊給我，要我整理文章發佈，於是 2017 年 6 月 2 日在 facebook 上發佈，標題是「極重要〈警告：開採可燃冰與地球大危機〉」，內容是：

　　「人類不能為了短視的經濟、軍事利益而胡亂開發可燃冰，中國正在推動一帶一路，順便開採天然氣也就算了，但是中國科學界與領導人必須認知，不能急進，大國的天敵就是宇宙能量，現在中國強盛了，做什麼都會帶動全球很多國家搶著跟進，如果這實現了，全球將瞬間全毀。

　　「任何經濟科技霸權與宗教王國最後都還是要面對『宇宙真相』，最後必然會吸收顯露在世界上的暗能量之地（台灣），這才是台灣的優勢。

　　「我多年來已掌握最真實的宇宙暗能量訊息，也最清楚可燃冰的資訊，在此發佈這個消息，是很無奈的事。我們也知道必須讓大地天然力爆發，台灣才有覺醒空間。」

　　訊息說：「我贊成老師借力使力，適時發佈，因為人民該覺醒就要醒，政府無能該倒就要倒，宇宙自然威力該來就得來。」

　　這是宿命？或是人為？就看各國領導人的智慧了。2017 年 4 月 21 日訊息又說：「現在各地檯面上擴張的新世界運動，大部分是被大國軍方與金融財團操作，在華人亞洲運作新世界運動只是要擾亂亞洲安定發展，阻擾中國崛起。但亞洲人民族性不同，例如對於 UFO 外星人，許多東方學者不會那麼認真想要挖真相，只想用科學去詮釋靈性生命，擺脫宗教追探生命起源，老師的心情也是如此的。但是年輕人不同，他們活在西化世界，年輕父母追求西化，棄置東方靈性，無形中成為西方左右派爭鬥的旗子。東方亞洲回歸吧！回歸自己的精神文化。」

　　是的，東方被西方操控太久了，未來一定要回到東方文化，並將其發揚光大的局面。二十一世紀之後整個地球風水轉到東方，美式西方霸權將會沉淪。在多次宇宙高靈訊息中，我也相信未來將是東方的世紀，祝福東方文化！期待東方文化復興！

10
/
意料之外的經驗
——一場亡魂的溝通實錄

2017年6月9日週五上午9點多，接到一位母親大聲哭著的電話：「軒死了。」

我一時不能反應過來，怎麼會？才30歲的年輕人，之前也沒有聽過他有什麼病啊！

我的腦子昏沉沉，這幾年來，軒來上過我在台灣全我中心的課程，也經常參與我們的量子場域訊息排列，是一位很清秀又孝順的年輕人，因此我也認識他們全家人，幾年相處下來，把我當做一家人，大家非常融洽。

軒唸完會計碩士，服完兵役，就一個人從屏東來到台北，任職於一家金控公司，很認真努力，因為他的志向是要做一位銀行家。

有幾次我回台北參加一些活動時，軒也會來幫忙，後來得知他工作壓力很大，曾對我訴說過：「我還是菜鳥，總經理就把一些吃重工作交給我，實在做不過來。」

他的表姐知道他工作相當辛苦，也勸過為何一定要在台北，回到高雄屏東找個輕鬆一點的就好了。但是年輕人有他們的志向，只有祝福。

　　突然接到這樣一通電話，實在令人無法相信。進一步深入了解，他在台中受訓的哥哥說前一天晚上才和弟弟通電話，準備週六上台北與弟弟相聚。

　　他媽媽說，每天早晨 7 點 20 分，她一定會打手機叫醒軒，一方面可以知道平安，二方面提醒不要上班遲到了。但是當天手機沒有人接，隔一下又打還是沒人接，從來沒有發生這樣的狀況。三十分鐘後再打，還是沒人接，心裡就毛毛的。不多久，當地分局來電話告知出事了。

　　我立即打電話到他任職的金控公司，想要告訴總經理發生這樣的事，沒想到接電話的小姐說他們知道了，因為派出所也通知他們，主管已經派人前往了解。

　　原來，他任職的公司也覺得奇怪，平日每天都準時上班的人，當天竟然沒看到人，同事感到奇怪，便通知他租屋處當地派出所，幫忙去看看，警員便連絡房東前往，打開門一看，軒仍然盤腿坐在蒲團上，靠著矮桌，手中還拿著筆，但是靈魂已經離開了。

　　他們公司的同事也無法接受這樣的事情，連做員工午餐的阿桑一聽到這消息，當場大哭起來，連說：「怎麼會，怎麼會……」可以想見，他在職場上一定是很認真、很得人緣。但是，就這樣無聲無息的走了，實在令人惋惜。

與靈魂溝通現場

　　就在頭七當天的上午，他的表姐感應到軒要傳達訊息，於是一個與靈溝通的神聖儀式開始了。

　　我立即拿出手機，在旁邊全程錄音下來：

軒：我真的要告訴你們，我很好，我真的很好。姐姐，我是靈魂出體才這樣
　　的。他們把我送到醫院時，我已經離開了。我只是沒有肉體而已，我可以
　　很自由的遨翔了。

　　就如同妳說的，我已經變成一道光，神聖的光了，雖然我很年輕，但是
　　我的靈魂知道，所以請妳再次告訴大家，我是真的很好，沒事了。我是
　　真的靈魂出體，就這樣轉開來了。

姐：姐姐明白了，你是要體驗短暫的三十年，這三十年，你給了我們很多美好
　　的記憶。

軒：我的肉體部分，不好意思，害怕到妳了，妳看到時，妳很傷心，我知道。

姐：姐姐知道的，所以你的靈魂出來，是要你知道，可是靈魂沒有再走回去，
　　在瞬間叉開來了，移動了，瞬間移動了。

　　軒，沒關係，姐姐知道的，如果你想要再下來，就在適當的時間，換一
　　個肉體載體下來，或許會更不一樣，你還是可以再下來地球經驗呀，不
　　是嗎？

軒：姐姐，真的很感謝妳，給了我這一次這麼神秘美妙的體驗，雖然過程我非
　　常驚恐，非常難過，在第一時間，看到妳那個樣子。

　　姐姐，我很對不起妳們，造成妳們那麼大的麻煩。

姐：軒，不要這麼說，我知道這是你的選擇，能夠在那個時間選擇爸爸、媽
　　媽、哥哥跟我，在那個時間去處理這些事情，所有一切都很順暢，我也知
　　道你也在那個境界裡幫忙很多事情。

　　姐姐知道你現在已經成為我們的守護小天使了，你長了翅膀。我們都在
　　心中留個位置給你，想念你、紀念你。

　　軒，你還有什麼事情，想要跟姐姐說的嗎？

軒：謝謝你們，你們給我已經太多太多太多了，我感受到你們滿滿滿滿的愛和光。有你們這些親人在，我覺得自己非常的幸福。

　　只是我覺得我很對不起阿舅，阿舅一直很難接受，跟那些長輩們。姐姐，妳就用妳的感受去告訴他們，安慰他們，我真的很好，就是台語講的成仙，我已經化為一股強大的力量了，現在可以自由的遨翔了。

　　我的意識永遠存在，如同你們說的，我存在於你們的心裡，我只是一個沒有物質的影像而已。

姐：軒，只要你想跟我們溝通，就用心電感應的方式讓我們知道。

軒：我知道，我剛到這個境界，還在學習這個運用的法則，因為我才剛來還不會，當我練習了，會運用的時候，我會跟你們以心相傳。

姐：那你現在在做什麼？

軒：我現在什麼也沒有，在那個境界裡面，還在習慣那個境界的很多事情。

姐：那就好。你還想讓姐姐知道什麼嗎？

軒：姐姐，我還有很多錢，妳知道嗎？

姐：很多錢在哪裡？

軒：在家裡的抽屜，叫我媽媽去翻，就會看到有錢在那裡，公司還有很多重要的東西，幫我拿回來好嗎？

姐：好的，會。還有什麼呢？

軒：沒有了，我本來就很簡單，沒有太多東西。

姐：那你其他遺物想怎麼處理呢？

軒：你們想怎麼處理就怎麼處理。你們不要難過了，這是我的選擇，就如同媽媽自己說的，她以前幫我去算過，知道有人告訴她，我只有到三十的生命經驗，這是對的。

也如同妳說的，生命是永生，我明白了，我也不想在職場上那麼辛苦了，現在我可以掙脫開來，沒有束縛了，可以自由遨翔，去體驗這個宇宙的奧秘了。姐姐，還有我的一些保重的東西，你們就留下做紀念吧。

姐：什麼保重的東西？

軒：那些有價值的，手機、電腦、手錶，你們就留下來做紀念。其他的沒有什麼了，我就這麼簡單，就這樣來這樣去了，只是以後不能在台北陪姐姐一起吃飯，看看妳。

姐：沒關係，姐姐把你放在心裡面，我到哪裡，你就跟我到哪裡，我都能感受到你有跟著我。

軒：不管怎麼樣，我都謝謝公司的老闆，他們給我不少的東西，雖然我在那裡工作很辛苦很辛苦，可是我覺得很值得，我有獲得想要的東西。

姐：好，你有經驗過就好了。

軒：姐，那個美國的證照，我很愛，請媽媽把我那個證照裱起來，最近就會寄到了，美國的那一張，那對我代表的是一種榮譽，幫我裱起來吧。

（軒在兩年多前考上美國風險管理師，但必須要有兩年工作經驗，才能拿到證照，於是到這一家金控公司上班，剛好滿兩年，證照已經從美國寄出了。）

我知道對你們還活在地球的人，會有很深的傷痛。我剛開始也很痛，我想說怎麼這樣子就走出來了，我突然間也不知怎麼一回事，但是我看到一道光，就跟著光的指引走了，不再眷戀這裡了。

我覺得夠了，三十年已經夠了，我這短短的經歷就很好很好了，沒有關係的。

姐：軒，一路好走。與你的光在一起。

軒：我知道，這幾天你們忙完了，就休息了落幕了，這就是所謂的人生。
　　我年輕的生命，就這樣子經歷過，帶給你們短暫的悲傷，我也很難過，
　　這也不是我想要的，可是人終究要走這樣一遭，我就這樣走開了。

姐：是的，媽媽和大家會不捨。

軒：對，我自己也覺得不捨。以後呀，我們的見面是另一種方式的見面了。

姐：什麼方式？

軒：想想我、看看我、念念我，就是見面的方式。

姐：是的，姐姐也是這麼想。我們靈犀相通，就會相應的，姐姐知道，你已經
　　成為我們的小天使、守護靈，在那個境界保護我們，姐姐知道的。

軒：只要呼喚我，我就知道，就像圖畫的小天使。我都在。

姐：姐姐有感受到，看到了。

軒：姐，真的謝謝妳，還好有妳在，不然我的哥哥也會受不了，尤其是爸爸、
　　媽媽，還好有妳。

姐：我知道，這是你安排的。

軒：是，還有阿雯姐姐，我知道她很傷心，她很愛我。

姐：有時間，用家族排列的方式來清除她們的傷痛，好嗎？

軒：好的。

姐：那安排在 7 月 5 日前後，好嗎？

軒：好的。姐姐。你們幫我準備了好多好多東西（指頭七準備的祭拜物品），
　　我都看到了，可是我很想笑一笑。

姐：為什麼？

軒：那些東西，我都不需要用了。

姐：可是還是要做呀，那是地球人的儀式。

軒：我在那個境界，呼一口氣就變出來了，念頭動一動就變出來了，我現在還
　　在練這個功力，等功力高強之後，我再回來教妳，幫助妳。

姐：好的。姐姐有個想法，想用你的名字來辦一所學校，好嗎？
　　我一直想幫助那些 indigo 小孩，讓更多小朋友能學會一些心靈法則，好
　　嗎？用這種方式把對你的愛延伸下去，好嗎？

軒：好呀。我知道妳是很清楚的人，可是讓妳在第一線很難過。我知道用這種
　　方式跟妳連結，很難讓爸爸、媽媽和其他親人明白。

姐：我會用自己的方式去傳達，好嗎？

軒：好，就這樣。妳再把知道的去跟哥哥與阿雯姐姐講，就你們幾個知道就好
　　了，其他人不用跟他們說太多，他們不明白。

姐：好的，我知道，還有什麼要跟姐姐說的？

軒：大概就這樣子了，告訴他們，其實我是真的在不知道的狀況下，靈魂出了
　　體，回不來了，銀線已經斷掉，然後醫師就說我是心肌梗塞呀。

姐：姐姐知道你修得很好，才有辦法這樣子，坐著就回去了。

軒：這是我的靈魂選擇。那只是肉體呀，肉體燒完就歸於塵土，就像妳說的並
　　告訴媽媽他們的，靈魂永生呀，只要想想我、念念我，我就來了。所以，
　　姐姐妳把我的照片做成有翅膀的天使的樣子，很感謝妳，我現在就是這個
　　樣子，

姐：我可以把你的天使圖片 print 出來放著，可以嗎？

軒：當然可以呀，我就是天使。也請姐姐把我的天使照片送給辦公室最好的李
　　姐姐，我要謝謝她，當她想我的時候，看看我天使的圖片，知道我當天使
　　了，就不會難過。

姐：對，好的。

（事後我才知道，軒說的辦公室李小姐就是面試他的人，人非常好，所以軒特地交代。）

軒：姐姐，我心裡真的沒有痛了，昨天媽媽他們已經送給我最好的禮物了。

姐：什麼禮物？

軒：媽媽說了一段話，我非常的釋懷，告訴媽媽，請她釋懷，媽媽釋懷了，我就會非常好。來生有緣會再相聚，請告訴媽媽這句話，媽媽就會明白了。你們現在所做的一切，是地球上的告別儀式，一切圓滿，謝謝妳們，我在地球三十年也一切圓滿，我就這樣子歸為塵土了。

感謝所有的一切。

姐：姐姐也感謝你，給我們這麼深的心靈課程，在這個過程裡面，姐姐非常傷痛，但現在你告訴姐姐這些，姐姐清楚了，給了我很多的安慰和療癒，謝謝你，也愛你，你是療癒天使了，無限的祝福，無限的感恩。

也給我能量

這個時候，這位在溝通的姐姐轉向我說：「老師，軒要給你很強的一股能量，站起來，他要給你。」

我立刻站起來，張著雙手，眼淚不自主流出來。

姐：姐姐感受到了好強大的能量，好有能量。

軒：感受到了嗎？

姐：感受到了，感受到了。

軒：這是我最後可以留給你們的。

姐：有機會在排列的時候、對應的時候，請你也這樣分享給哥哥、姐姐。幫他們好嗎？

軒：好的，會的。姐姐，妳這個方式人家才不會害怕。

姐：化成一道光了……唵……這是我最喜歡的一個頻率……唵……唵……

軒：姐姐我再告訴妳，我們不用在夢境，只要這樣我們就可以對應了。

姐：其他的人就要在夢境裡跟你接觸，或是爸爸，或哥哥，也讓媽媽感受到。

讓他們在夢境與你再相聚，好嗎？

軒：謝謝大家，謝謝各位。

（那時我強忍著不敢哭出來）

姐：（對著我說）老師，你要哭出來，哭出來……

（我，號啕大哭）……

老師不要難過，不要難過呀。

軒：這是我選擇要當你們的天使，我不想在地球，很累了。

姐：姐姐知道的，在地球做這些事很累，知道你很不快樂，就去當天使了。

軒：下來很久了，我要走了。謝謝你姐姐，無限的祝福。我愛你們。

姐：回到光裡，成為天使。在那個境界守護爸爸、媽媽。

要辦個學校，讓對你的愛能夠繼續留傳下來，幫助更多更多的小天使。

回到宇宙，回到光裡，回到愛裡，我們心相通，心相應，只要想想你、念念你，我們就相見了，祝福軒。

＊　　　＊　　　＊　　　＊

半年後，軒在高維時空利用夢境傳訊給他媽媽，說要回來了，「回到原來的地方」。

他媽媽告訴我，夢境非常清楚。

　　他姐姐也透過訊息了解到軒要投胎回到原來的家，那時他哥哥有位女朋友，還沒有論及婚嫁，卻懷孕了。

　　確實，距離他離開地球之後一年，又回到原來的家了。前世的媽媽成了現世的阿嬤！

　　這個嬰兒長得非常清秀，也很像爸爸，也就是他們蔡家的模樣。我去他們家時，看到這位新小孩，小孩也會盯著我看，似乎知道我是他以前認識的老師，只是還不會講話而已。我相信，等他會說話之後，說不定哪一天就道出整個過程了。

　　也是非常奇妙的事發生了，就在今年初，這位小孩三歲多了，竟然有一天對阿嬤說：「阿嬤，我不要做妳的孫子，要做妳的兒子。」他們全家人聽了這一句，都心有所感。

　　多年來我與他們家人很熟，經常聚在一起用餐。在軒的靈魂還沒有離開肉體之前，我回台北時也常與他們姐弟見面餐聚。現在，他們家人要這位新小孩稱我「外星爺爺」。在此祝福這位新小孩！

　　這一篇算是她們姐弟溝通時，我在旁邊錄音的記錄，可以說只是一篇側面記錄，但是也讓我更加肯定這本書各篇內容的實在，因為這證明了靈界的確存在，靈魂的確存在，只要有正確方法就能隨時溝通，坊間不是也有很多人會溝通嗎？

附篇／
通靈現象的科學解密

他心通（心電感應、思維傳感）的科學解釋

　　全球目前有通靈能力的人越來越多，台灣也有不少，都散佈在民間。總結來說，有些是在欺世盜名，有些確實是不容懷疑的。

　　但是，要如何用現代科學角度來解釋，這就是一門學問了。現就用一些科學邏輯來詮釋一些通靈現象。

　　最普遍的是「與靈界溝通」，也就是佛經裡面說的「他心通」，以現代話來說，就是心電感應（Telepathy），事實上沒有通靈能力的我，就經常得到宇宙高靈主動傳訊的經驗，也就是他們要傳給我時，思想就會自動出現。

　　若是在人間，就是指不用語言就能明瞭他人心中所想的事情，也稱為「思維傳感」，就是用思維（意念波）來傳遞感知。事實上，大家可能不知道「思維、心理、意念」都是一種波動，是一種超時空波，這種波既是訊息的承載者，也是組成萬物的根本，可與物質直接作用。

　　也就是說，憑藉宇宙高級生命體給予的訊息，能讓人聽到或是感知到訊息內容。有人認為「思維、心理、意念」就是一種物質活動，可以稱為「現象波」，認知此點之後，就能對通靈現象做統合說明了。

　　通靈人之間是可以遙感傳遞訊息的，因為他們腦部的發射和接收能力比一般人強，雖然距離遙遠，但對通靈人而言是沒有差別的，他們仍可以進行一種訊息的傳遞。

　　過世的親人「托夢」，也是常見的通靈現象，台灣民間即有不少實例。

　　每個人都有思維意念，也都會發射出去，此稱為「思維訊息波」。科學研究已知，意念能量和思維能量是實際存在的，每當人們想像某事時，這種波就會向四面八方發散傳播，通靈人與特異功能人不僅能接收這種波，而且還能夠破譯。

　　大家不知道，鯨魚在海裡是用我們人類聽不到的極低頻音波來傳訊的，能傳遞到遠在 20 海浬之外，這已是科學界探知的事實。因此，人和動物之間也是會有互相感應的實例，養貓狗的人就知道。例如「靈犬」的故事，古今中外都有，由此可以知道狗的腦部也會有訊息傳出，而且也能夠接收人類的訊息，其他動物也一樣，「動物也有靈性」之說便是由此而來，只是我們人類的腦波無法接收動物的腦波而已。

　　除了動物，植物也有超感官的訊息溝通能力，前蘇聯曾研究植物與超能力的關係，發現植物在感受到動物的動靜狀態時，會發出讓一般電器設備短路的波。

　　美國科學家也做過植物實驗，證明了植物真的有超感能力。

　　他們是這樣實驗的：在實驗室中擺數個花盆，每個植物葉子上都夾有敏感的感偵器，連接到不同的示波儀上。

　　走進來一個人，走到某一盆植物前，用手將此盆植物折斷並撕碎，然後走出去。科學家開始觀察，叫另一個人走進來，所有的示波器都沒有動靜，經過數個人都是沒有反應，直到走進來的人就是那位「植物劊子手」時，所有的

示波器曲線都紛動了起來，表示植物知道這個人就是剛才「殺死」它們同伴的人，可見植物也是有超感知力的。

如果把植物換成人，把人換成高靈，不就完全相同了嗎？練氣功的人，若是練到一定火候之時，也能感知周遭一些新的意境，有氣功底子的人不會否認吧。所以，通靈現象是很普遍的，沒什麼稀奇。

天眼通（透視力、預知力）的科學解釋

「天眼通」用現代話說就是「透視力」（Clairvoyance）或稱「預知力」，是指不用肉眼也可以看到一些現象，或是在事件發生之前就能夠事先感知，或是能用通靈力得知其他空間的事物。

科學家發現有此種特異眼力的人，可以看到部分不可見光區。因為「光」按波長的不同，分為「可見光」和「不可見光」，人的肉眼所看到的光是紅、橙、黃、綠、藍、靛、紫等七種單色光所組成的可見光。但科學家透過單色儀發現，具有某種特異功能的人，可以看到不可見光區部分，如：紅外光、紫外光等區域的現象。

此種能看到不可見光區的能力，就可以解釋「陰陽眼」的由來，也就是說，有陰陽眼的人眼睛可見光接收範圍要比一般人來得寬一些，也就是頻寬比較寬，所以他們可以看到一般人看不到的異象。

就有專家設想過，如果用最先進的人工智慧電腦為主體，建立一個能接收、能控制、能破譯人腦訊息波的裝置，將會在軍事間諜領域引起新的變革，這正可以說明通靈的能力。

　　一般人一方面認為未來是不可知的，但另一方面，市面上算命所告知的未來之事，卻都抱著寧可信其有的心，可見這是相當矛盾的現象。自古以來就有很多先知、預言家，《聖經》也記載相當多，可見確實是有這回事，人類不要認為現在是科學時代，而視通靈為荒誕，因為這是穿越宇宙時空的連繫，我們這個空間存在著數千年來的現象波，一般人雖無法接收到此波，但腦部開發得較好的通靈人卻能接收得到，所以他們能看到靈界的現象。

　　人的肉眼可接收的可見光範圍在 4/100000 到 7/100000 公分之間，亦即紅橙黃綠藍靛紫七色光的範圍。但是蝙蝠就不同了，牠們具有夜視功能，夜間能看得很清楚，原理就如同現在的軍用紅外線儀，肉眼在夜間看不到，但用此紅外線儀就可以看到。

　　1978 年，日本廣島有一位天生的盲婦，曾正確地預報了三次飛碟現象，她自己說這是外星人運用心靈感應術與她溝通的。

　　美國一位特異奇人亞當斯曾在上世紀五〇年代說地球 900 公里的高空有輻射帶，但當時科學落後還不知有此輻射帶，到了 1960 年衛星上天後，才確認真有輻射帶。亞當斯說他之所以能知道，是因為曾坐外星人的飛碟邀遊過外太空。所以，能與外星人通靈也不是怪力亂神的事。

天耳通的科學解釋

　　人耳可以接收的音波有一定的範圍，也就是人可以「聽」得到的聲音。超過這個範圍之外的就被稱為「超音波」，一般人耳聽不到，但醫院的儀器可以接收到，例如用超音波來檢驗孕婦肚內的胎兒狀況，而且市面上也有超音波

洗碗機，這都是不能否認的事實吧！生物學上也公認有些動物可以聽到人耳聽不到的聲音。

「天耳通」就是指耳朵能接收到一般人收不到的聲波。

從地球科學的角度來說，地震來臨前，地殼會釋放出大量的能量，也會放出人耳聽不到的超震波。火山爆發前也是一樣，會有同樣的情況出現。這些能量和震波是一般人的肉眼看不到、耳朵聽不到的，但有些動物卻可以感覺到，所以在地震來臨前有些動物會不安躁動，就是這個道理。

一般人總是認為眼睛看不到、耳朵聽不到的，就不存在，就予以否認，這是最大的錯誤，這些人以為他們這樣的態度就很科學，其實大錯特錯，這完全是不了解「科學」真義的人。

有些人耳朵能接收的聲波頻率比一般人廣，所以極細微的低聲波可以接收到。這也是通靈的一種模式，不少修練到某種境界的人在靜坐時，五官就變得很敏感，就可以聽到周圍的一些細微聲音，以及宇宙高靈傳達的訊息，這也不是神秘的事了。

所以，有些通靈事件事實上是他們接收到我們這個空間之外的「訊息波」，此種波一般人無法接收到，但通靈人可以接收得到，所以他們能知道一般人不知的事情。

附靈說話的科學解釋

「附靈說話」顧名思義就是靈魂附在通靈人身上，發出類似生前的口音，此種靈異現象在台灣不少見，民間的紅姨、靈姑均為此類。

在花蓮有一位著名的青衣夫人，她是不會說國語的老婦人，之所以名聲高度傳揚，是因為發生於 1993 年 12 月一直未能破案的「尹清峰命案」。大約 1997 年吧，TVBS 電視節目《接觸第六感》曾經製作一集節目，他們與尹清峰的父親一起來到花蓮找青衣夫人，請她將尹清峰的靈魂請出來附在身上，結果原本不會說國語的老婦人音調一變，口出國語，對著尹父喊「爸爸」，並說了不少話。

這個節目我印象很深，因為 1996 年時 TVBS 推出《接觸第六感》節目，由白冰冰主持，由於我在超心理學方面出版不少書，他們就找我擔任顧問，有幾集也親自上陣用科學理論解說。同年，超視也推出《星期天怕怕》，由文英與秦偉聯手主持，也邀請我擔任顧問。回顧九〇年代，那時似乎是台灣靈異節目最多的年代。

靈魂出體的科學解釋

「靈魂出體」顧名思義就是指靈魂超脫人體，出去到宇宙遨遊的現象。

不少功能人和宗教大師都有此種能力。靈魂出體是高超的人體功能，不是一般修練就會的，必須功能達到很強的境界才可以，但是有些根底好佛緣足的人在練靜坐時，有時也能做到這一點。不過要小心，沒有高人在旁，最好不要隨便讓靈魂出體，會有危險的。

每個人都有意念，也都會發射「意念波」，這可以稱為「思維訊息波」，這些波會在宇宙中擴散，會被靈魂出體的人接收到，因此有時「靈魂出體」和「心電感應」的作用很類似，很難區分。

　　研究心靈學的人都知道「意念能量」和「思維能量」是實際存在的，我也認識台灣一些具有此種靈能力的人，他們能在入定中將自己的思維波傳送到遠處，去感知遠方的事物。

　　有一位我認識的通靈人，有一次人在高雄入定，靈體來到新竹著名的城隍廟，「看到」一位女士正在拜神，希望她病中的公公快點往生，好分財產。這位通靈人的靈體很火大，便打了這位不孝女士一耳光，當然一般人是看不到這一幕的。這位女士突然感覺到被打了一下，可是周圍沒有人，臉頰卻頓時紅腫起來，回去後都無法消腫，連看好幾位醫生也都沒好，一愁莫展。

　　這位朋友的靈體跟著她回去，知道她住在哪裡。數天後，通靈人親自搭火車到新竹，來到這位女士家，質問她是不是數天前到城隍廟說了不該說的話。她家人都好奇的問是怎麼回事？這位女士當然不敢說出來，通靈人便跟她說耳光是他打的，旨在教訓她，不可有這樣的念頭。

　　女士知道自己錯了，便認了錯，於是通靈人用手對著她紅腫的臉頰一摸，竟然開始消腫了。

　　前蘇聯特異奇人托斯狄克在莫斯科進入冥想狀態，用意念、思維訊息波遙遊世界各國。他一直進行著靈魂出體的修練。1988 年 7 月，蘇聯官方找他進行一次靈魂出遊實驗，相當成功。據負責監察這項靈魂出遊歐洲實驗的布里蘇夫醫生指出，在中歐五個城市中有六十七名獲邀作為實驗的目擊證人。事後均一口同聲的表示，他們確實在指定的地點和時間見到了托斯狄克的影像，不過時間極為短暫。

　　其實這種例子很多，我在台灣也認識一位與我同姓的通靈小姐，在心靈界還算有名，綽號大俠，她曾經親口告訴我靈魂出遊前往宇宙遨遊的經過。當然，當時是沒法用儀器去檢測的。所以，信者恆信，不信者可以不信。

用傳輸理論解釋通靈

通靈界認為像心靈感應（他心通）這種現象就是典型的「傳輸理論」，它是人與人之間意識的溝通，有人認為它是腦波的互相傳遞，只是目前科學尚無法測到而已。

1929 年，科學家波格（H. Berger）用他發明的儀器，在人腦上測到發自大腦的節奏波動，從而證明大腦皮質中會進行某種電學過程，因此推論某甲所放出的大腦電波訊息，可以被某乙所接收，這就是他心通的一種可能原理。

傳輸理論包括「電磁波傳輸」和「粒子傳輸」兩種。

然而在物理學上，電磁波會隨著距離增大而衰減，可是實驗發現他心通在相當程度上不受距離影響，且不會受牆壁的隔絕。因此，電學家霍夫曼（Hoffman）在 1940 年提出電磁波強度雖與距離平方成反比的衰減，但其可解度（inteligibility）或訊息強度（intensity）不會因距離而衰減，甚至可以經由控制而增強，可以抵銷因距離增加而衰減的效應。

義大利神學家卡紮馬利（F. Cazzamalli）曾做一個實驗，證明人腦可以發出波長 0.7 到 100 公尺的電磁波，但很難找到產生高頻腦波（10 公分至 1 公尺）的機制，因此一直無法進一步做實驗。直到近年，人體能產生生物電能的現象被醫學界所證實，才明瞭神經細胞會發出電磁波，證實了電磁波傳輸理論的可研究性。

另外有人提出粒子理論，認為是充斥宇宙的「中微子」（neutrinos）起了傳輸作用，中微子又譯為「微中子」，是一種基本粒子，只受重力和弱核力的影響，極不活躍且難以檢測。但是，中微子和物質之間能發生作用的截面實在太小，似乎又不太可能。

也有科學家認為可能是一種超光速的粒子所傳輸的，所以他心通不受空間和時間限制，能隨心所欲進行。

雖然目前物理界已發現超光速的粒子，稱為「迅子」（Tachyon），但迅子理論尚未完備，而且許多科學家固執地認為光速是宇宙中最快的速度，並沒有超光速粒子存在的實質證據，所以仍在揣測階段。然而近年「量子糾纏」現象得到證實，已可以解釋比光速快的思維傳感的存在了。

用能場理論解釋通靈

首先提出電磁波傳輸理論的波格，在 1940 年代認為腦波電流的變化太小，不足以解釋遠距離的他心通，因而提出「心靈能」的概念，認為大腦皮質的變化可以轉化為一種新的能量形態，能以波動方式傳送到很遠之處，且不受物質障礙影響。當其到達對方腦部，又轉化為物理能，而使接收人理解資訊，達到他心通現象。但為何有人有此能力，而大多數人都沒有？波格認為這取決於敏感程度。1960 年代，有人將此說法加以補充，認為必須有共振作用的雙方，方能達到相同頻率的傳輸。

另外一種說法是人腦具有生物「等離子體」（plasma，又譯為：電離氣、電漿）的作用，它是物質的第四態，也就是說有別於固態、液態、氣態的第四種，它能在能量場中起作用，而感知他人的思想。

但以上數種理論都有共同的困難，只能解釋他心通而已，不能解釋預知力及天眼通等現象。為了克服這些難題，1956 年，物理學家魏斯曼（Wassermann）提出「場」（field）理論，用以解釋所有靈異現象。他假定空

間中存在著三種場，分別是：B 場（這是和腦神經活動有關的場）、P 場（這是和目標物相聯繫的一種特殊場）、ϕ 場（這種場的存在粒子，比光子還小，無法被物質吸收，可以傳輸很遠）。

魏斯曼博士認為，在通靈過程中，發送者的 B 場激發了空間中的 P 場，傳輸過去，再激發受試者的 B 場，兩人就達成傳訊。

而在說明天眼通方面，認為目標物周圍的 P 場激發空間中的場，使空間充滿能發生作用的因素，而所謂具天眼通能力的人，能用自己的 B 場去感應 P 場，就達成「看見」的境界。說明天耳通也是用同樣道理，使聲波在空間中激發場，產生傳遞作用。這個理論談起來相當科學，但問題是，這些場是否真的存在？則尚待科學繼續發展後更進一步證實吧。

用量子理論解釋通靈

1970 年代，美國物理學家沃克（E. H. Walker）提出一種理論，用以解釋特異功能現象，這個理論基本上是引用量子力學觀念。他認為人腦也存在一種物理與化學的系統，它的組成粒子的運動和相互間的作用，會隨時間而變化，和量子力學的物理系統是一樣的，而且這種變化並非固定常態，而是隨機的，是一種物理和化學過程。

因此，他說人的意識不是哲學上的觀念，純粹是科學上的變化，不僅可以對人腦本身的變化產生影響，也可以對外界變化產生影響。因此，人腦透過其感覺輸入資訊，與外界相溝通，構成一個更大的物理系統，而似乎這種物理系統含有濃密的能量，所以，有些人可以看到人體四周的「靈光」。

瑜珈大師馬哈里希（Maharishi Mahesh Yogi）在世界各地設立相當多的機構，從生理、生物化學、物理、心理、社會學各方面進行研究。在1978年的國際性研討會中，就以「量子力學和意識理論」為專題，揭示了量子力學中的「測不準原理」，只是哲學家的心身問題的另一面，並提出今天人類的探測器已能探測到原子內部和宇宙邊緣，但仍然無法探測到意識的「內部空間」。

1950年代，物理學家曾提出量子力學的「隱參量」理論，認為宇宙中必定存在一些尚未認知的力學上的「能量」，它們能影響到周圍的空間。因此，用量子理論來說明靈通，簡言之就是發送者腦部意識，透過能影響空間的隱參量產生聯繫，使雙方的意識能互相溝通。

我認為這個說法非常好，「宇宙中必定存在一些尚未認知的力學上的能量，它們能影響到周圍的空間」，所以宇宙傳訊就沒有什麼稀奇了。當然，深奧的量子力學並非社會大眾所能了解，而且用它來解釋靈通現象仍是在起步階段，尚需假以時日才能獲得更多成果。

用時空拓樸理論解釋通靈

通靈現象的「時空拓樸理論」是以幾何力學為基礎所架構出來的。早在1930年代，愛因斯坦就詳細研究黑洞的幾何結構，得到形狀類似漏斗的理論，稱之為「蟲洞」。研究者認為可把兩個宇宙或同一個宇宙的兩個時空區域連接起來，如右圖。

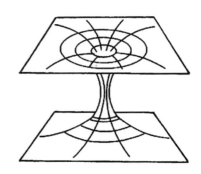

　　廣義相對論的基本思想是用「時空彎曲」來描述引力現象，那麼，對於電磁現象是否也可以用時空結構來描述？

　　下圖左是一般電荷及磁力線圖形，學過電學的人都很清楚，其作用都用平面圖來表示。

　　如果在三度空間中，電荷的作用就變成立體結構（如右圖），是否就形成了「蟲洞」？

　　如果時空拓樸結構真具有蟲洞性質，不管它是連接著兩個宇宙，或是連接同一宇宙的不同空間，就能為通靈現象提出合適的解釋，因為這個結構是沒有時間、空間限制的，可以瞬間達成通靈。

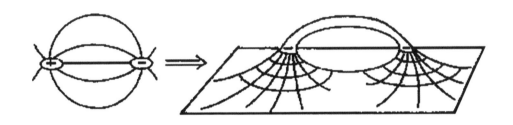

　　1972 年，科學家史密德勒（Schmeidler）提出空間彎曲形成「甬道」的理論。因此，看似遙遠的兩個宇宙地區，會在時空彎曲狀況下變得很近，所以能做到天眼通、神足通、魂遊他處等各種靈異事件。

　　在此理論下，蟲洞就是甬道，因此也可以說明一些通靈現象有可能是透過蟲洞在進行的。

　　此種空間彎曲純屬愛因斯坦的高等物理學理論，物理學家都相信其存在，但應用在通靈事件的解釋，就仍待更多人進一步探討了。

我首創的「多維時空理論」

西方科學家都試圖以純物理的學說來解釋通靈現象,但都顯得不夠周全。原因無他,通靈現象並不是純屬物理科學,而且目前的物理學理論是架構在唯物的驗證方法之上,基本上是屬於地球的坐標系之內。

古代哲學家《淮南子‧天文訓》已說:「上下四方謂之宇,往古來今謂之宙。」明顯指出「宇」就是空間,「宙」就是時間。而西方科學在愛因斯坦以前,都認為宇宙只是「太空」這個無限的空間而已,當然無法解釋宇宙間的許多神秘現象。直到愛因斯坦說宇宙的真正結構是「時間」和「空間」的綜合體,才打開了西方科學家的眼界。

愛因斯坦把「時間」當作第四度空間,來重新解釋宇宙,驀然發現宇宙是一個時空結合的體系。其實,在我個人的超驗認知中,已發現時間不是第四度空間。時間和空間是對等的兩個系統,這兩股宇宙要素,按天文物理說法是「波動」的表相。換言之,我們可以用具有頻率的波流來闡述,如圖:

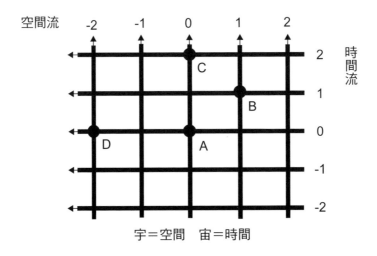

這個解釋理論，是我於 1979 年前後受邀在中華電視台節目中說明飛碟外星人事件時提出的，有四十多年了。我認為可以將時間看成一束一束，在整個宇宙中，有無數個「時間流束」，彼此間頻率不同。同樣的，空間也是一束一束，整個宇宙也有無數個「空間流束」，它們共同存在，互不干擾，因為其頻率不相同。

因此，無數個時間流束和無數個空間流束可以交迭成無數個時空作用區（圖中所有交叉點）。每個作用區就是一個宇宙，因此，無數時間流束與無數空間流束構成無數個宇宙，這就是宇宙無限的思想，也是多重宇宙的概念。

這些不同的「點」（宇宙）彼此頻率不同，所以可以共存而互不干擾。如同廣播電台的電波，我們生存的空間充滿不同電台所發射的不同節目的波，但因頻率不同，電台節目「各自存在，互不干擾」。我們不能因肉體碰不到節目波，肉眼也看不到，就說它們不存在。

換言之，不同時空作用區就是不同維度時空，因此，在此架構下，會呈現無數維度的宇宙，這就是「多維理論」的基本思想。

由圖舉例，ABCD 是四個不同頻率的宇宙，分別存在但互不干擾。其中 A 和 C 是具相同空間頻率的兩個宇宙，A 和 D 是具有相同時間頻率的宇宙。

假設時間束 0 和空間束 0 交叉成我們這個時空（宇宙 A），可以發現空間 0 穿越過編號 -2、-1、0、1、2 的時間束，如果 0 表示現在，則 1 至 2 為未來，-1 至 -2 為過去，因此只要能突破時間限制，我們就可以邀遊在同一空間內的不同時間境界，做回到過去或去到未來的旅行。

同理，時間束 1 穿過 -2、-1、0、1、2 的不同空間，只要能突破空間限制，我們就可以在一個時間內跳躍在不同空間領域，做到人的肉體在這個時空（地球），靈體飛到異次元時空（神界或鬼界）的境界，這就是神足通。

宇宙就是這樣，由無限個空間和無限個時間構成無限個宇宙，彼此頻率不同，卻共同存在而不互相干擾。

我們的宇宙（陽間）只不過是無限宇宙中的一個而已。而在無限個宇宙中，有一個宇宙的時空頻率和我們相反，被我們稱為「陰間」，用科學術語來說，它不過是「另一個不同頻率的時空」，但它有權以另一種方式存在。

所以，我首創用「多維時空理論」來解釋通靈現象，實在是最能說明周詳的。簡言之，天眼通和天耳通就是透視不同空間的能力；宿命通就是遨遊不同時間的能力；與神佛或靈鬼打交道就是穿越時空限制的能力；最高境界的漏盡通，就是已知時空一切真相的能力。

若能徹底領略多維理論，就能了悟佛經上所說的「小千世界」，它就是一個個不同時空作用點，當然數目會如恆河沙數那樣多（無限個）。其次也能了解原來神界、佛界、天界、鬼界等也只是一個個不同時空作用點，我們這個陽界不過是其中一點而已，只要懂得傳訊的方法，就能和他界相溝通，因此通靈就不再是神秘現象了。

自己對「多維時空」理論非常熟悉，可是一般人很難懂，因此有一陣子我一直在思考如何用更簡單的方法來做詮釋多維時空。我那求解惑的「念力」似乎向天上發射了出去，於是就在 2003 年秋高氣爽的日子，收到一些宇宙訊息的啟發，讓我知道要如何詮釋了。

不過，真正要讓大眾能夠了解，可能還需要一些時間，因為大眾知識水平不一。對此，我也很為難，因此如何用更簡單的方法來表述，似乎有待進一步思考。

不過，這裡先提供以下 8 頁供大家思考，如果能現場來演示，大家就更能明白了。

先從二維觀來解析超常現象

首先，我們應該認知這個世界是一個「超三維空間」，然而它一共有幾維並不可知。

其次，具有特異功能的人具備超三維活動力與感知力，可以稱他們為「超三維人（特異功能人）」，但一般人僅具有三維活動力與認知力，只可簡稱為「三維人（常人）」。

根據上述理論就可以得出一個直接推論：我們活在三維宇宙中，目前的一切科學理論對物質和其運動的理解都只是三維的認識，因此我們人類（三維人）在多維宇宙中也只能得到三維資訊而已。

多維宇宙至少意味著存在四維以上，換另一種說法，就是「多重宇宙」。

不過由於我們都是三維人，僅具三維感知力，要想直接憑三維理論去理解四維以上的實驗，是相當困難的。

為了模擬「多維人」的感知，我們不妨透過虛擬的「二維人」來理解。

二維人是一種僅具二維感知力的人，它們活動的自由度只有我們所稱的「平面」而已。所以二維人的視覺、聽覺、嗅覺和觸覺都是二維的，一個三維世界在他們腦中是無法理解且不存在的，他們也必然以二維理論來思考一切。

它們的生產事業和科學實驗都是二維的，比如，二維人製作的封閉容器就是一個平面上的封閉曲線，有蓋的封閉容器由兩部分組成，蓋子是一段曲線，容器是另一段曲線。如右圖。

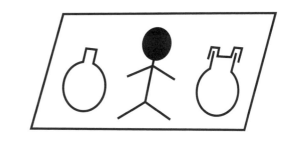

把上面這一段話中的「線」改為「面」，「二維」改為「三維」，「平面」改為「立體」，那便是我們三維世界的描述。

在二維人面前，我們這些三維人便成為「超二維人」，可以向他們表演超能力的功夫，可見「二維超能力」其實就是「三維普通能力」罷了。

我們把自己放在二維人的地位去觀察這些超常現象，就不難理解四維人給我們三圍人所表演的超能力了。

把物體移出或移入封閉容器

一、二維人用二維視覺看到透明的封閉容器中有兩個東西，但要把這兩個東西拿出來，必須打破容器，否則是拿不出來的。在二維人看來，東西移出容器而不損壞容器是不符合他們的二維科學理論。

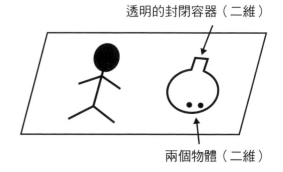

透明的封閉容器（二維）

兩個物體（二維）

二、但對三維人來說，這個容器只是一條線圍起來而已，上下是空的。三維人只要把兩個東西從「上方」或「下方」取出，也就是使東西脫離二維平面世界，但這個動作二維人是看不到的，因為他們只有二維感知力，他們只會以為物體突然消失了。

然後，三維人再把這兩個東西放回原來二維平面宇宙上去，但故意放在容器之外。這一動作的過程二維人也看不見，但他可以看到東西又突然出現在容器外面了。

當二維人突然看到此物體出現在容器外，而且容器絲毫無損時，他們會感到驚奇，認為這是特異功能。

這就能圓滿解釋從密封瓶子中「移出」物品的特異功能了，所以具有此種超能力的人，其實就是具有進入高維空間移動物品的能力而已。只是一般人沒有此種能力，然而卻不能否認這個事實。

再用三維觀來看超常現象

當我接收上天傳來這樣的詮釋訊息，當然非常高興，終於能夠用這樣的方法來讓大家理解一些特異現象了。

不過，還是讓我頗為擔心，因為對大部分人來說，還是深了一點，但也只能盡力了。

我們把上述二維實驗的過程轉換為三維實驗過程，就能得到這樣的觀念：

一、三維人（你我）用三維視覺看到透明的封閉容器中有兩個物體，要把這兩個物體拿出來，必須打破容器。在三維人（你我）看來，物體移出容器而不損壞容器是不可能做到的。

二、四維人把三維容器在三維空間中晃動，這一動作是三維人所能感知的，我們也可以看到兩個物體在裡面晃動。

然後四維人把兩個物體取出到四維空間中，也就是使之脫離我們這個三維空間，這一動作是我們看不見的，因為我們只有三維感知力，我們三維人只看到物體突然消失了。

然後，四維人再把這兩個物體放回我們的三維空間中，但放在容器

外面。結果我們突然看到物體又出現，但出現在容器外，容器絲毫未損，使我們感到驚奇，認為是特異功能。

將上面兩個例子進行比對關係，並運用我們的抽象思維能力，使自己的頭腦從三維直觀中釋放出來成為多維思考，就能夠對三維的超常現象有清晰且自然的理解了。

所以我們可以知曉，在三維世界裡具備超能力的人，就已具備如同四維人一般的能力，而此能力對四維人而言，只是他們的普通能力而已。

對天眼通現象的理解

有一天，我在讀佛經有關六神通的文字時，不禁又問：「該如何詮釋得更好？」

不久，訊息傳來對於天眼通的超常現象解釋，仍然可以採用上面對比的方法來理解，不過這次只是把三維的天眼通轉換成二維的天眼通罷了。

一、三維人把一張寫了字的紙片 P 放入一個封閉不透明的信封 C 中，讓超三維人（超能力人）來表演天眼通。

　　超三維人把他透過超三維空間感知到的字形告訴三維人。當三維人看到信封並未打開，裡面的紙片也沒有取出來，但超三維人卻能感知紙上的字時，會感到十分驚奇。

　　為了能體驗到超三維人如何透過超三維空間來看紙片上的字，我們把上述實驗轉換成二維的天眼通實驗。

二、二維人把一條有若干標記點的曲線 P 放入一個封閉不透明的容器 C

之中，C 是個平面上的封閉曲線，讓三維人來表演天眼通的功能。

三維人（可能是你）一眼就看出 C 裡面的東西，便告訴二維人。二維人看到容器沒有打開，但三維人卻能知道容器內的東西，因此感到十分驚奇不可思議。

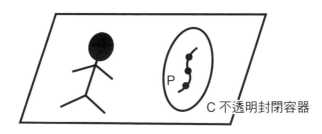

二維人的視覺只能看到容器，無法看到內部。
但是三維人可以居高臨下看得很清楚。

總之，任何三維封閉容器在超三維（四維以上）空間中都不是封閉的。就像我們三維人來看，任何二維人的封閉容器只不過是一條封閉曲線而已，並不能阻擋我們對曲線內任何物體的感知。

超維度的空間翻轉

有超能力的人具有超三維的感知力與活動力，這一點是我們一般三維人不具備的。也正因為我們是三維人，所以無法感知三維物體在四維空間中的運動軌跡。

但我們可以設計一個實驗，從二維觀點來推論三維觀點。

設想有個二維平面，平面上有兩個直角三角形△ OAB 和△ O'A'B'：

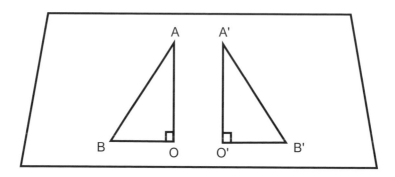

△ OAB 是左向，△ O'A'B' 是右向，如果只允許三角形在二維平面宇宙上滑動，不允許它們離開平面，那麼，△ OAB 無論如何不可能轉成△ O'A'B'。

也就是說，二維人在二維空間內無論怎麼做，都無法使△ OAB 變成△ O'A'B'。但對我們三維人來說就很簡單了，只要把△ OAB 拿起來，使它離開二維平面，向右側翻轉一下，再放回平面，就變成△ O'A'B' 了。

這對二維空間來講，無疑是超能力的表現，卻無法理解是怎麼做到的。

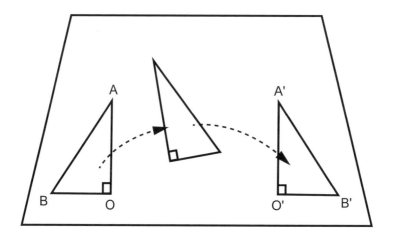

　　再用這個觀念，來思考一下三維空間中的三角體是否可以經由超三維的翻轉，變成另一種三角體？

　　設想有個三維直角坐標錐（如下圖），我們都知道在三維空間內，左邊的絕不可能變成右邊的直角坐標錐。

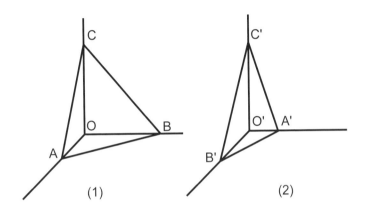

(1)　　　　　　　　　　(2)

　　但如果有四維超能力人將直角錐拿離開我們這個空間，翻轉一下，再放回來，我們應該會很驚訝地看到變成右側的坐標錐，卻怎麼也想不出超能力人是怎麼做到的，因為它涉及四維空間，不是我們三維世界能理解的領域。

　　這一則解析似乎比較深奧，讀者可能要多閱讀幾遍才能了解。

　　此時訊息說：「這些實驗說明，你們可以歸納出所有的特異功能都和進出超空間有關，所以你們必須從高一層次的空間思維來理解。不過，這是地球人最不擅長的。」是的，「進出超空間」概念可解釋為「特異功能」現象，上面所說的四維人簡單移動一個物品，對三維人來說就是特異現象了。

　　對螞蟻來說，牠的行動是二維，大家看著地上爬的螞蟻，前面若有一道牆擋著，或許二維的牠沒有爬到跟前不知道，但三維的我們早就看到了。

又如，三維的我們在室內拿一張紙在螞蟻前面讓牠爬上來，然後我們把紙拿到室外的地上，讓牠爬出去。對我們來說這是一下子的事情，但如果螞蟻知道的話，牠會驚訝怎麼一下子就來到遙遠的室外，這是牠絕對做不到的。

一切就是如此！在超能力表演中，三維常人的感官是無法察覺到四維物體的運動軌跡，只能看到似乎是從一處「消失」，然後在另一處「出現」，中間變換過程完全無法得知，只能在現場驚呼好神奇。

訊息說：「別沮喪。未來地球科技可以發展到明白這些的。」

是的，地球人必須進入「空間轉換」與「超維度」的觀點，不能老是停在三維時空的唯物認知中。如果從今起凡事能夠用四維甚至五維的角度來解析三維的事物，慢慢地會開拓大家的思維，如同在空中看下來，任何事物都一清二楚，就不會做出不對的決定了。

今日，重要的不是在爭論特異功能是真是假，而是應設法學習擁有超三維的思考模式與決策方法。

第一步先詳細體會本書各篇內容，無條件地相信，因為「相信就能看見」，「心誠則靈」。

第二步用本書所講的各種觀念來改變自己固有的僵化腦袋，能夠改變越多，就越能體會心靈能量的神妙。

星際無邊，一切來自你的心！要達到何種境界，就看你自己了。

如果始終抱著否定的心態，那麼你永遠沒辦法超脫三維地球的限制。如果半信半疑，那麼你也很難超脫，除非哪一天徹底相信。

一切如是！由你決定！

後語／
請用多重宇宙訊息場看待一切

　　以上十篇宇宙高靈的傳訊以及附篇的解密，希望能提供大家很多新的思考，但我相信很多人還是會問：「是真的假的？」

　　雖然很多人心裡頭願意相信，可是好像覺得沒有什麼把握，在這個講科學的時代，若是沒有科學證明，似乎少了什麼！

　　所以，為了滿足各位的心裡需求，在此我就用最新的宇宙發現來做進一步的科學說明，但仍要請讀者先了解「講科學」不一定是「科學的」，因為這涉及到絕大多數人對「科學」二字的誤解。

　　大多數人將科學標準無限上綱化，認為科學就是衡量宇宙事物的標準。事實上這個想法就不科學，這個認知是錯的！

科學史上的反證

　　現在我就以科學史上的實例來作說明，讓大家仔細思考：「科學」真能相信嗎？

　　如果問：「有沒有細菌？」所有人都會說：「還用問，當然有細菌。」

　　可是在西元 1674 年以前，所有地球人是不知道有細菌的存在，如果在那

以前有人說：「水中有肉眼看不到的東西。」一定會被當時的人批評為：「沒有科學證明，妖言惑眾。」

幸好，荷蘭人列文虎克（Antonie van Leeuwenhoek）在 1674 年發明顯微鏡，觀察到雨水、井水中的原生物，以及人們嘴裡和腸道裡的細菌，從此奠定細菌學的基礎，人類才知道地球上有很多細菌。

在此要問：「細菌的存在需不需要地球人來為它們證明？」

還要問：「難道說人類用顯微鏡觀察到細菌，從此才有細菌？沒有發現細菌以前，它就不存在？」

相信所有的人都知道這樣講是不對的，因為細菌在幾十億年前就存在於地球上，沒有人類的時候它們便已經存在，恐龍時代它們也存在，而佛陀早就在 2550 年前就說過「水中也有眾生」。只是二千多年來，一直沒有被人類用「科學方法」發現而已。

再舉第二例，如果問：「地球是不是宇宙的中心？」所有人都會笑：「真是笨蛋問題，連小學生都知道，地球怎麼會是宇宙中心。」

可是在西元 1543 年前，所有地球人都認為地球是宇宙的中心！這個在今天看來是錯誤的天文觀念，卻主宰了人類觀念數千年。

波蘭天文學家哥白尼（Nicolaus Copernicus）在 1543 年逝世後，他的學生才將其著作《天體運行論》出版，因為書中的理論冒犯了當時的主流科學思想，他不敢在世時出版，因為他提出革命性的理論指出：「地球不是宇宙中心，太陽才是宇宙中心。」不過以今天眼光來看，也是錯的，但在當時卻已是大突破。

如果哥白尼在世時提出這個理論的話，一定會被視為怪力亂神、妖言惑眾，嚴重的話還會被拘禁，甚至燒死。

而支持哥白尼理論的義大利數學家、天文學家、物理學家伽利略（Galileo Galilei）在 1611 年訪問羅馬時，大膽地想要說服有權的科學界相信哥白尼體系，然而當時的宗教有權當局宣佈哥白尼學說是錯誤的，因此伽利略被視為異端而終身軟禁。直到二十世紀九〇年代，梵蒂岡天主教庭才公開道歉，為伽利略平反。

這個例子在現代人看起來十分荒誕，但在十七世紀以前，「地球是宇宙中心」卻是科學界的主流思想，任何人若是提出與這個流傳數千年的「科學主張」不同的看法，就是偽科學、怪力亂神、科學野狐禪，一定會被批判。

在十六世紀，知名的義大利哲學家、數學家、天文學家布魯諾（Giodano Bruno）比哥白尼更早摒棄傳統的地球中心學說，認為宇宙是無限的，又是多重的，每一個星星就是一個太陽。此種學說完全不見容於當時的主流科學界，遂被監禁了八年，於 1600 年被處以火刑。

然而，現在來看，布魯諾的觀點和現代宇宙論完全相同，他應該是個先知科學家，若是換到二十世紀，他一定可以榮獲諾貝爾物理獎。

英國物理學家和數學家牛頓，在 1678 年出版其最偉大的著作《數學原理》，描述了運動定律、軌道力學、潮汐理論、萬有引力等影響至今的科學理論，被視為現代科學開創者。

有關牛頓最有名的故事，是一顆蘋果掉在他頭上，引發他研究出萬有引力理論，從此人類才知道地球有引力。在此我又要問：「從那一天起，科學『證明』了地球有引力，所以地球才有引力嗎？」

對很多人來說，「科學證明」很重要，才能相信，但是，「地心引力」需要科學證明之後，它才有的嗎？當然不是，地球形成時就有地心引力，它已經存在四十六億年了，只是人類從來都不知道引力的存在。

所以，並不是科學「證明」地球有引力，只是科學「發現」而已。這一點和細菌的存在一樣，人類不是「證明」細菌存在它才存在，只是「發現」它的存在而已。

所以，我們要思考「什麼是科學？」

簡單的講，科學就是唯物思維時代擁有科學話語權的人共同決定的物質層面的知識而已。如果不符合科學話語權的人共同決定的物質知識，就會被冠上不科學、偽科學等等罪名。

再以「電」為例，美國政治家、科學家、哲學家富蘭克林喜歡從事電的實驗，約在 1730 年，他在一個暴風雨之夜，利用風箏引下雷電，從此人類才知道天上的雷電不是以往神話中認為的雷公電母，遂開啟了電學研究和電的世紀，大力推動了人類科學的進步。

但我們不能說科學「證明」了電，只能說科學「發現」天空中電荷的存在。在沒有現代科學的時代以前，地球上早就有「電」與「雷」，那是早已存在而人類未知的自然現象。

同理，地球在形成之後就有「磁場」，就有兩極，人類很早就知道利用磁石來指引方向，只是一直不知道其原理。直到科學時代才提出磁場理論，所以我們不能說從此科學「證明」了磁場的存在，只能說科學讓人類知道早已存在的地球磁場。

什麼叫科學進步？

嚴格說來，現在大家觀念中的「科學」，從牛頓迄今不過三百多年而已，

由於牛頓建構出萬有引力理論，由其學說發展出來的宇宙概念，認為物質是宇宙的基礎，從此，牛頓力學就被用來判斷一切現象的科學標準。

到了十九世紀中葉，歐洲唯物思潮興起，人類在此邏輯下，重視有形的物質現象，否認無形的精神現象，影響了二十世紀的科學走向極端物質的層面，甚至認為所有人類精神面的意識、智力、宗教現象、人體功能，都只是大腦的作用而已，也就是說，現代科學認定的生命只是一個生物體的存在而已。

三百多年來，就是此種「唯物科學觀」主宰著人類的所有思維與發展，西方唯物科學思想就以年輕且傲慢的態度，來否決它所不能解釋的現象。而在此種西方科學教育系統下，現代人接受著看似天經地義的科學理論，卻培養出只問「有沒有科學證明」而不會深入思維。

不禁要問：「這到底是人類整體文明的進步或是退步？」

再說近代的實例。1912 年，德國氣象學家魏格納（Alfred Wegener）首先提出「大陸漂移理論」，認為原始地球只有一大塊陸地，約占地球表面的一半，到了三疊記（2.45 至 2.08 億年前）開始分裂，慢慢擴張移動，經過二億多年的漂移，才形成現在的五大洲模樣，而且陸地仍然在緩慢移動中。

當時的科學界一向認定陸地是堅實不會動的，因此當時的地質學家便大肆抨擊魏格納的學說，認為氣象學家的魏格納憑什麼提出聳人聽聞的「不科學」地質理論。

當時的魏格納也無法用「科學方法」來證明自己的論點，因此，地質學家紛紛捨棄他的學說，使他默默無聞地在 1930 年過世。

又過了三十年，美國地質物理學家赫斯（Harry H. Hess）提出「海底擴張假說」，結合魏格納的「大陸漂移理論」，成為二十世紀地質科學革命的「板塊構造學說」。到了現在，所有的科學家都認為大陸漂移學說是正確的。然

而，魏格納在科學界鬱卒了十八年，死後三十年全世界科學家才恍然大悟他的偉大，「證明」他的理論是正確的，但他卻早已鬱鬱過世了。

人類科學史上充滿著「當時的主流科學界」否認及迫害提出先知理論的紀錄，自從現代科學進步以來，人類就習慣用僵化過時的「科學證明」心態來衡量地球及宇宙現象，這實在是無可救藥的井蛙之見。

也讓我回想起在 1975 年之後每年翻譯出版飛碟外星人書籍時，當時有台灣大學、清華大學、輔仁大學幾位教授在某科學刊物上寫文章罵我「科學野狐禪、偽科學、不科學、怪力亂神、現代神話」，但是當時 27 歲的我也寫文章駁斥，最後一句是「時間會證明我是對的！」時至今日，有誰敢再否認飛碟外星人的存在？

這就涉及「什麼叫做科學進步？」

簡單的說，科學進步就是不斷「發現」宇宙間已經存在、而人類尚未知道的事物而已。科學是在進步的，今天科學無法證明的事物，說不定在不久後，就成為公認的事實，歷史上此種例子實在太多了。

1875 年，貝爾（Alexander Bell）發明電話，有哪位科學家在這之前事先「證明」了聲音是可以用電線傳輸？一百年後，又有哪位科學家「證明」有線電話可以變成如今小小的手機？功能還更強大。

1903 年萊特兄弟發明了飛機，在此之前有哪一位科學家先「證明」人類可以搭乘龐大的鐵鳥飛行在空中？

1960 年代以前，有哪一位科學家事先「證明」了電腦可以變成筆記型大小？又有哪一位科學家事先「證明」了電腦可以變成全球網路的利器？

科學的進步不是在「證明」什麼，科學始終是後知後覺的，科學進步只不過是「發現」以前不知道的事物，以及「發明」更加精良的器物而已。

　　然而，人類就是如此的無知，一貫以自身狹隘的知識來批判超過自己認知的事物，否認未知的事物。

　　再舉一例，1982 年時，提倡迎接外星人運動的法國人沃里洪來台灣找我，告訴我外星人早就告訴他「複製人類」的技術。然而，當時有哪一位科學家能夠「證明」動物是可以複製的？

　　1996 年，英國科學家複製成功桃莉羊，從此，科學家一窩蜂地研究複製技術。時至今日，沒有一個人會否認複製的事實。可是我在 1983 年率先譯出沃里洪的著作，了解「複製生物」的可能，卻被當時有權的科學界人士視為異端邪說。

　　台灣老百姓長久以來被僵化的分科教育訓練成單一思維的人，對於超過自己認知的事物，習慣以否認的態度先對待之，不會深入思索，只會用「沒有經過科學證明」這句話來否決，這是不符合科學精神的心態、不符合科學思維的邏輯。

　　科學不是萬能，不是衡量一切事物的標準，地球上的科學在宇宙層次而言，是相當的落後。

　　人類當今所知的宇宙領域仍然是井底之蛙，如果大家都用井蛙的知識來衡量宇宙一切事物，如何了解整個宇宙？井蛙若是不跳出來，如何知曉天空竟是那麼的寬廣？

　　今天，科學尚未能夠「發現」星際文明與靈界，也未能「證明」星際文明與靈界的存在，依上述諸多例子，怎麼能大膽地斷言沒有星際文明與靈界的存在呢？今日的科學也沒有辦法證明星際文明與靈界不存在呀！

　　星際文明與靈界的存在與否，和地球人無關，也沒有什麼理由一定要地球人去證明它們的存在！我相信人類在未來就會知道宇宙真相了！

美國航太總署的新發現

美國國家航空暨太空總署在 2003 年 1 月份的《科學日報（Science Daily）》及網頁上，以「暗能量支配宇宙」（"Dark Energy" Dominates The Universe）作報導，推測宇宙是被一種不尋常的反重力性質的「暗能量」（dark energy）所主宰，也導致宇宙不斷地在加速膨脹。

科學界把航太總署的此項發現，譽為宇宙史上最重大事件之一，因為航太總署觀測的結果，與先前理論物理學家的計算非常吻合，也就是：

宇宙中可見物體大自銀河、星辰，小至人類或細菌，其總組成物質只占不到宇宙物質總量的 5%，剩下的 95% 當中，約有 25% 由神秘未知的暗物質（dark matter）與 70% 的暗能量所組成。

這也就是說，我們當今所知的宇宙只是真正宇宙的不到 5%，所以我要說，地球人就是井底之蛙，看到井口的天空就以為宇宙就是那麼大，到現在還是有很多人的思維就是如此，凡是超乎井口的現象一概說「不科學」，一概否認，真是悲哀！

其實，早在 1917 年，愛因斯坦為平衡自己廣義相對論的恆等式，認定有未知力量與重力在抗擷，讓宇宙的大小恆常，愛氏把該未知力量稱為「宇宙常數」（cosmological constant）。然而，上世紀的太空探測證據顯示，宇宙並非靜止不動而是正在擴張中，愛因斯坦便放棄自己的想法，而且聲稱這是自己一生中最大的錯誤。

後來的許多天文學家都把這個宇宙常數只看作是數學上的假設，而不認為它和實際的宇宙有多少關係。直到上世紀九〇年代也沒有人想到過這個效應會變成現實。

　　可是現在航太總署的新訊息卻顯示，愛因斯坦稱為「宇宙常數」的此種未知力量應該存在，也就是暗能量，證明了宇宙間確實存在此種斥力，使宇宙加速膨脹。

　　有人認為暗能量是從宇宙真空中滲透出來的，因有實驗表明，真空似乎並非空無一物，而是有虛粒子在時生時滅地冒泡泡。

　　不管如何，總之，我們地球人已知的宇宙只占整個宇宙總量的不到5%，其他25%是暗物質，70%是暗能量，全是人類迄今未知的領域。所以，希望大家想要否認自己無知的事務現象之前，請記住，宇宙中還有95%是人類未知的部分。

　　經過我自己多年的訊息接收經驗與體會，「暗物質界、暗能量界」確實存在，也能夠用佛經的「欲界、色界、無色界」來對此解說。再加上近年科學界提出「多重宇宙」與「平行宇宙」的說法，已經足以說明宇宙的奧妙了。

2003 年的《科學人》雜誌裡，美國賓夕法尼亞大學物理與天文學教授馬克思‧德馬克（Max Tegmark）博士就發表過《平行宇宙》專文，他論證了宇宙是平行的結論，這是宇宙科學研究從「單一宇宙」（Universe）發展到平行的「多重宇宙」（Multiverse）的一大步。

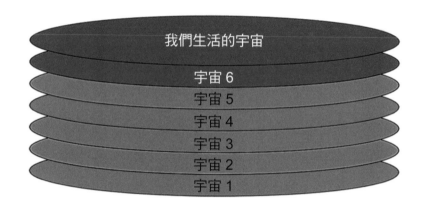

2005 年，美國北卡羅來納大學教堂山分校的理論物理學家郝頓博士（Laura Mersini Houghton）與卡內基美隆大學物理學教授賀曼博士（Richard Holman）研究了普朗克天文望遠鏡的數據後，指出：「除了我們所處的宇宙外，可能還存在有無限個平行宇宙。」

他們認為這些數據裡顯示的異常情況，是宇宙大爆炸形成時，其他宇宙對我們宇宙的拖曳作用所造成的。它們是其他宇宙存在的首批確鑿證據。

以前沒有暗物質、暗能量，及多重宇宙、平行宇宙的觀念，地球人確實是無法理解很多神秘的現象，但來到二十一世紀，這麼多的新發現告訴我們：宇宙不是唯一的而是多重的，我們所知的宇宙只是整個宇宙不到 5% 的範圍而已，可見人類所知是何等渺小呀！

做個總體會

在此，我將佛經所說的三界套入暗物質與暗能量的理論來說明：

「無色界」就是暗能量時空，它是實際存在於宇宙中的「非物質化」時空，占宇宙總量的 70%。

「色界」就是暗物質時空，其於宇宙中實際存在且物質化，占宇宙總量約 25%。

「欲界」是最低層次，包括無形世界和有形世界，其於宇宙中實際存在且物質化，有部分地球人類已知曉，但仍有大部分地球人類尚未知曉，占宇宙總量不到 5%。

人類自稱「萬物之靈」，認為自己的科學很進步，但這些都只適用於地球上而已，以大日星系來看，只是低等的第二層次而已。有了以上具體宇宙文明的認知之後，各位再來看看一些神秘事件，根本就不會覺得神秘了，反而可以更深入思考人類與宇宙生命之間的存在問題。

徹底想通了的人，有福了！祝福你們！

至於一時還想不通的人，也沒有關係，只要抱持「相信」的心，就足夠了！至於還是堅持要有科學根據的人，也沒有關係，那是你們靈魂的選擇，好自為之！

事實上，如天上的師父所言，人類時空位於生命等級的極低層次，如此低等的生命如何了解高等宇宙生命的存在？就如同小學生如何了解大學的理論？希望本書各篇訊息的啟示，能夠讓大家深思、體會低等地球人的悲哀。

也希望各位從今以後能夠敬天地、敬鬼神（宇宙生命），好好做個思想開放的地球人，將來才有可能回歸到較高層次的時空！

　　本書的各種宇宙高靈傳訊，應該會給讀者一些啟示，帶來豁然開朗的感覺，將你們以前無法相信的疑惑解開了。

　　就在進行二校的最後這幾天，突然訊息又出現了：「附篇的各種科學解密，只是讓三維的地球人了解而已，四維、五維的生命不需如此解說，因為三維人認為不可能的特異功能，是四維、五維生命與生俱來的本能，到了六維以上，更是如來如去。」

　　我一下就明白了，回想自己從來沒有讀過《道德經》，老子的訊息就「直接」進入我腦中，不是聲音傳輸，句子就「直接」呈現在腦中。又回想更早時期，在根本沒有看完整本《阿含經・世紀經》的情況下，拿出稿紙，文思就「直接」泉湧，知道要如何詮釋，一個星期就完成一本書了。在三維世界中的地球人，根本做不到。

　　總之，我相信自己數十年來能夠分別涉獵飛碟外星人、宇宙科學、超心理學、生死學、整合自然醫學、新詮釋道學佛學神學諸多領域，而且都有不少書籍出版，絕對不是我個人孜孜努力研究的心得。

　　此時訊息問我：「老子、佛陀、孔子，有無老師？」

　　我回答：「沒有。」所有古書都沒有提過他們三位聖人的老師。

　　訊息又問：「那麼，他們三人之智慧何來？」

　　大哉問，我頓了一下，沒有經過思考便回覆：「宇宙。」

　　我也不知為何如此回覆，但心中很明白這樣的回答絕對沒有錯。

　　「直接由宇宙傳輸，方為真理。你們稱為『道』或『法』。」

　　我想到一個佛學術語「一超直入」，就是直指人心見性成佛的意思，《佛學大辭典》說：「不屈著於他之教相言句，不依賴於念佛修懺，直徹見自己是何物，到入即心即佛非心非佛之真境也。」

　　所以，附篇的各種科學解譯，只是提供習慣於三度思維的地球人來了解而已，是一種方便法門，當你看懂、想通之後，就要跳出三維的桎梏，讓自己從此以四維的超然境界來看待地球事物，則一切便澈悟了。

　　相信這些訊息會帶給大家不同的新的人生觀。

　　一切如是！

　　萬法唯心！

宇宙沒有神秘，
只有人類的無知；
星際無邊，
一切來自你的心！